中小学校会计制度

2013

中华人民共和国财政部　制定

经济科学出版社

图书在版编目（CIP）数据

中小学校会计制度.2013/中华人民共和国财政部制定.—北京：经济科学出版社，2014.3
ISBN 978－7－5141－4366－9

Ⅰ.①中… Ⅱ.①中… Ⅲ.①中小学－会计制度－中国－2013 Ⅳ.①G637.5

中国版本图书馆CIP数据核字（2014）第034260号

责任编辑：黄双蓉
责任校对：徐领柱
责任印制：邱 天

中小学校会计制度
2013

中华人民共和国财政部 制定
经济科学出版社出版、发行 新华书店经销
社址：北京市海淀区阜成路甲28号 邮编：100142
总编部电话：010－88191217 发行部电话：010－88191522
网址：www.esp.com.cn
电子邮件：esp@esp.com.cn
天猫网店：经济科学出版社旗舰店
网址：http://jjkxcbs.tmall.com
河北零五印刷厂印装
880×1230 32开 5.625印张 100000字
2014年3月第1版 2014年3月第1次印刷
ISBN 978－7－5141－4366－9 定价：25.00元
（图书出现印装问题，本社负责调换．电话：010－88191502）
（版权所有 翻印必究）

财政部文件

财会〔2013〕28号

财政部关于印发《中小学校会计制度》的通知

国务院有关部委、有关直属机构、各省、自治区、直辖市、计划单列市财政厅（局），新疆生产建设兵团财务局：

为适应财政预算改革和中小学校教育管理体制变化的需要，进一步规范中小学校的会计核算，提高会计信息质量，根据《中华人民共和国会计法》和《事业单位会计准则》（财政部令第72号），结合新修订的《中小学校财务制度》（财教〔2012〕489号），我部对《中小学校会计制度（试行）》（财预字〔1998〕104号）进行了全面修订。现将修订后的《中小学校会计制度》印发给你们，自2014年1月1日起施行。执行中有何问题，请及时反馈我部。

附件：中小学校会计制度

财政部
2013年12月27日

目　　录

中小学校会计制度 …………………………（ 1 ）
第一部分　总说明…………………………………（ 3 ）
第二部分　会计科目名称和编号……………………（ 7 ）
第三部分　会计科目使用说明………………………（ 10 ）
第四部分　会计报表格式……………………………（ 85 ）
第五部分　财务报表编制说明………………………（ 91 ）

附　录　相关法规及规范性文件 ………（113）
中华人民共和国会计法……………………………（115）
事业单位会计准则…………………………………（129）
中小学校财务制度…………………………………（141）
新旧中小学校会计制度有关衔接
问题的处理规定……………………………………（160）

中小学校会计制度

目 录

第一部分　总说明
第二部分　会计科目名称和编号
第三部分　会计科目使用说明
第四部分　会计报表格式
第五部分　财务报表编制说明

第一部分 总说明

一、为了规范中小学校的会计核算，保证会计信息质量，根据《中华人民共和国会计法》和《事业单位会计准则》，结合《中小学校财务制度》规定，制定本制度。

二、本制度适用于各级人民政府和接受国家经常性资助的社会力量举办的普通中小学校、中等职业学校、特殊教育学校、工读教育学校、成人中学和成人初等学校（以下统称中小学校）。其他社会力量举办的上述学校可以参照本制度执行。

各级人民政府和接受国家经常性资助的社会力量举办的幼儿园依照本制度执行。其他社会力量举办的幼儿园可以参照本制度执行。

三、中小学校对基本建设投资的会计核算在执行本制度的同时，还应当按照国家有关基本建设会计核算的规定单独建账、单独核算。

中小学校食堂实行单独核算，同时适用本制度的有关规定。

四、中小学校会计核算一般采用收付实现制，但部分经济业务或者事项的核算应当按照本制度的规定采用权责发生制。

五、中小学校会计要素包括资产、负债、净资产、收入和支出。

六、中小学校应当按照下列规定运用会计科目：

（一）中小学校应当按照本制度的规定设置和使用会计科目。因没有相关业务不需使用的会计科目可以不设置。在不影响账务处理和编报财务报表的前提下，可以根据实际情况自行增设、减少或合并某些明细科目。

（二）本制度统一规定会计科目的编号，以便于填制会计凭证、登记账簿、查阅账目，实行会计信息化管理。中小学校不得打乱重编。

（三）中小学校在填制会计凭证、登记会计账簿时，应当填列会计科目的名称，或者同时填列会计科目的名称和编号，不得只填列会计科目编号、不填列会计科目名称。

七、中小学校应当按照下列规定编报财务报表：

（一）中小学校的财务报表由会计报表及其附注构成。会计报表包括资产负债表、收入支出表和财政补助收入支出表。

会计报表附注中应当披露本校食堂单独核算的会计报表。

（二）中小学校的财务报表应当按照月度和年度编制。

（三）中小学校应当根据本制度规定编制并对外提供真实、完整的财务报表。中小学校不得违反本制度规定，随意改变财务报表的编制基础、编制依据、编制原则和方法，不得随意改变本制度规定的财务报表有关数据的会计口径。

（四）中小学校财务报表应当根据登记完整、核对无误的账簿记录和其他有关资料编制，做到数字真实、计算准确、内容完整、报送及时。

（五）中小学校财务报表应当由单位负责人和主管会计工作的负责人、会计机构负责人（会计主管人员）签名并盖章。

八、中小学校会计机构设置、会计人员配备、会计基础工作、会计档案管理、内部控制等，按照《中华人民共和国会计法》、《会计基础工作规范》、《会计档案管理办法》、《行政事业单位内部控制规范（试行）》等规定执行。开展会计信息化工作的中小学校，还应按照财政部制定的相关会计信息化工作规范执行。

九、本制度自 2014 年 1 月 1 日起施行。1998 年 3 月 31 日财政部印发的《中小学校会计制度（试行）》（财预字〔1998〕104 号）同时废止。

第二部分
会计科目名称和编号

序号	科目编号	科目名称
一、资产类		
1	1001	库存现金
2	1002	银行存款
3	1011	零余额账户用款额度
4	1101	短期投资△
5	1201	财政应返还额度
	120101	财政直接支付
	120102	财政授权支付
6	1212	应收账款
7	1215	其他应收款
8	1301	存货
9	1401	长期投资△
10	1501	固定资产
11	1511	在建工程
12	1601	无形资产
13	1701	待处置资产损溢

续表

序 号	科目编号	科目名称
二、负债类		
14	2001	短期借款△
15	2101	应缴税费
16	2102	应缴国库款
17	2103	应缴财政专户款
18	2201	应付职工薪酬
19	2302	应付账款
20	2305	其他应付款
21	2401	长期借款△
22	2402	长期应付款
23	2501	代管款项
三、净资产类		
24	3001	事业基金
25	3101	非流动资产基金
	310101	长期投资△
	310102	固定资产
	310103	在建工程
	310104	无形资产
26	3201	专用基金
	320101	修购基金△
	320102	职工福利基金
	320103	奖助学基金
	320109	其他专用基金
27	3301	财政补助结转
	330101	基本支出结转
	330102	项目支出结转
28	3302	财政补助结余
29	3401	非财政补助结转

第二部分 会计科目名称和编号

续表

序 号	科目编号	科目名称
30	3402	事业结余
31	3403	经营结余△
32	3404	非财政补助结余分配
四、收入类		
33	4001	公共财政预算拨款
34	4002	政府性基金预算拨款
35	4101	事业收入
36	4201	上级补助收入
37	4301	附属单位上缴收入
38	4401	经营收入△
39	4501	其他收入
五、支出类		
40	5001	事业支出
41	5101	上缴上级支出
42	5201	对附属单位补助支出△
43	5301	经营支出△
44	5401	其他支出

说明：带有"△"上标的会计科目为中小学校非义务教育阶段使用的会计科目，义务教育阶段不得使用。兼有义务教育阶段和非义务教育阶段的中小学校可以设置标有"△"的会计科目，但仅能适用于本校非义务教育阶段的有关业务。

第三部分
会计科目使用说明

一、资产类

1001　库存现金

一、本科目核算中小学校的库存现金。

中小学校拨付给内部有关部门的备用金通过"其他应收款"科目核算。

二、中小学校应当严格按照国家有关现金管理的规定收支现金，并按照本制度规定核算现金的各项收支业务。

三、库存现金的主要账务处理如下：

（一）从银行等金融机构提取现金，按照实际提取的金额，借记本科目，贷记"银行存款"科目；将现金存入银行等金融机构，按照实际存入的金额，借记"银行存款"科目，贷记本科目。

（二）从零余额账户提取现金，按照实际提取的金额，借记本科目，贷记"零余额账户用款额度"科目。

（三）因内部职工出差等原因借出的现金，按照实际借出的金额，借记"其他应收款"科目，贷记本科目；出差人员报销差旅费时，按照实际收回的金额，借记本科目，按照应报销的金额，借记"事业支出"等科目，按照实际借出的金额，贷记"其他应收款"科目。

（四）因开展业务等其他事项收到现金，按照实际收到的金额，借记本科目，贷记有关科目；因购买服务或商品等其他事项支出现金，按照实际支出的金额，借记有关科目，贷记本科目。

四、中小学校应当设置"现金日记账"，由出纳人员根据收付款凭证，按照业务发生顺序逐笔登记。每日终了，应当计算当日的现金收入合计数、现金支出合计数和结余数，并将结余数与实际库存数核对，做到账款相符。

五、中小学校有外币现金的，应当分别按照人民币、各种外币设置"现金日记账"进行明细核算。有关外币现金业务的账务处理参见"银行存款"科目的相关规定。

六、每日账款核对或定期盘点清查中发现现金溢余或短缺的，应当及时查明原因，按规定报经批准后进行账务处理。

（一）如为现金溢余，属于应支付给有关人员或单位的部分，借记本科目，贷记"其他应付款"科目；属于无法查明原因的部分，借记本科目，贷记"其他收入"科目。

（二）如为现金短缺，属于应由责任人赔偿的部分，借记"其他应收款"科目，贷记本科目；属于无法查明原因的部分，报经批准后，借记"其他支出"科目，贷记本科目。

七、本科目期末借方余额，反映中小学校实际持有的库存现金。

1002　银行存款

一、本科目核算中小学校存入银行等金融机构的各种存款。

二、中小学校应当严格按照国家有关支付结算办法的规定办理银行存款收支业务，并按照本制度规定核算银行存款的各项收支业务。

三、银行存款的主要账务处理如下：

（一）存入或收到存款，借记本科目，贷记"库存现金"、"应缴财政专户款"、"事业收入"、"经营收入"等有关科目。

（二）提取或支出存款，借记"库存现金"、"存货"、"事业支出"、"经营支出"等有关科目，贷记本科目。

四、中小学校发生外币业务的，应当按照业务发生当日（或当期期初，下同）的即期汇率，将外币金额折算为人民币记账，并登记外币金额和汇率。

期末，各种外币账户的外币余额应当按照期末的即期汇率折算为人民币金额，作为外币账户期末人民币余额。调整后的各种外币账户人民币余额与原账面人民币余额的差额，作为汇兑损益计入相关支出。

（一）以外币购买物资、劳务等，按照购入当日的即期汇率将支付的外币或应支付的外币折算为人民币金额，借记有关科目，贷记本科目、"应付账款"等科目的外币账户。

（二）以外币收取相关款项等，按照收取款项或收入确认当日的即期汇率将收取的外币或应收取的外币折算为人民币金额，借记本科目、"应收账款"等科目的外币账户，贷记有关科目。

（三）期末，根据各外币账户按期末的即期汇率调整后的人民币余额与原账面人民币余额的差额，作为汇兑损益，借记或贷记本科目、"应收账款"、"应付账款"等科目，贷记或借记"事业支出"、"经营支出"等科目。

五、中小学校应当按开户银行、存款种类及币种等，分别设置"银行存款日记账"，由出纳人员根据收付款凭证，按照业务的发生顺序逐笔登记，每日终了应结出余额。"银行存款日记账"应定期与"银行对账单"核对，至少每月核对一次。月度终了，中小学校银行存款账面余额与银行对账单余额之间如有差额，必须逐笔查明原因并进行处理，按月编制"银行存款余额调节表"，调节相符。

六、本科目期末借方余额，反映中小学校实际存放在银行等金融机构的款项。

1011　零余额账户用款额度

一、本科目核算实行国库集中支付的中小学校根据财政部门批复的用款计划收到和支用的零余额账户用款额度。

二、零余额账户用款额度的主要账务处理如下：

（一）在财政授权支付方式下，收到代理银行盖章的授权支付到账通知书时，根据通知书所列金额，借记本科目，贷记"公共财政预算拨款"、"政府性基金预算拨款"等科目。

（二）按规定支用额度时，借记"存货"、"事业支出"、"其他支出"等有关科目，贷记本科目。

（三）从零余额账户提取现金时，借记"库存现金"科目，贷记本科目。

（四）因购货退回等发生国库授权支付额度退回的，属于以前年度支付的款项，按照退回金额，借记本科目，贷记"财政补助结转"、"财政补助结余"、"存货"等有关科目；属于本年度支付的款项，按照退回金额，借记本科目，贷记"事业支出"、"存货"等有关科目。

（五）向按账户管理规定保留的相应账户划拨工会经费、住房公积金、提租补贴以及经财政部门批准的特殊款项时，借记"银行存款"等科目，贷记本科目。

（六）年度终了，依据代理银行提供的对账单作注销额度的相关账务处理，借记"财政应返还额度——财政授权支付"科目，贷记本科目。中小学校本年度财政授权支付预算指标数大于零余额账户用款额度下达数的，根据未下达的用款额度，借记"财政应返还额度——财政授权支付"科目，贷记"公共财政预算拨款"、"政府性基金预算拨款"等科目。

下年初，中小学校依据代理银行提供的额度恢复到账通知书作恢复额度的相关账务处理，借记本科目，贷记"财政应返还额度——财政授权支付"科目。中小学校收到财政部门批复的上年末未下达零余额账户用款额度时，借记本科目，贷记"财政应返还额度——财政授权支付"科目。

三、本科目期末借方余额，反映中小学校尚未支用的零余额账户用款额度。本科目年末应无余额。

1101 短期投资△

一、本科目核算非义务教育阶段中小学校短期投资的实际成本。

短期投资是指非义务教育阶段中小学校依法取得的、持有时间不超过1年（含1年）的投资，主要是国债投资。

二、中小学校应当严格遵守国家法律、行政法规以及财政部门、主管部门关于对外投资的有关规定，义务教育阶段不得对外投资。

三、本科目应当按照国债投资的种类等进行明细核算。

四、短期投资的主要账务处理如下：

（一）短期投资在取得时，应当按照其实际成本（包括购买价款以及税金、手续费等相关税费）作为投资成本，借记本科目，贷记"银行存款"等科目。

（二）短期投资持有期间收到利息时，按实际收到的金额，借记"银行存款"科目，贷记"其他收入——投资收益"科目。

（三）出售短期投资或到期收回短期国债本息，按照实际收到的金额，借记"银行存款"科目，按照出售或收回短期国债的成本，贷记本科目，按其差额，贷记或借记"其他收入——投资收益"科目。

五、本科目期末借方余额，反映中小学校持有的短期投资成本。

1201　财政应返还额度

一、本科目核算实行国库集中支付的中小学校应收财政返还的资金额度。

二、本科目应当设置"财政直接支付"、"财政授权支付"两个明细科目，进行明细核算。

三、财政应返还额度的主要账务处理如下：

（一）财政直接支付

年度终了，中小学校根据本年度财政直接支付预算指标数与当年财政直接支付实际支出数的差额，借记本科目（财政直接支付），贷记"公共财政预算拨款"、"政府性基金预算拨款"等科目。

下年度恢复财政直接支付额度后，中小学校以财政直接支付方式发生实际支出时，借记有关科目，贷记本科目（财政直接支付）。

（二）财政授权支付

年度终了，中小学校依据代理银行提供的对账单作注销额度的相关账务处理，借记本科目（财政授权支付），贷记"零余额账户用款额度"科目。中小学校本年度财政授权支付预算指标数大于零余额账户用款额度下达数的，根据未下达的用款额度，借记本科目（财政授权支付），贷记"公共财政预算拨款"、"政府性基金预算拨款"等科目。

下年初，中小学校依据代理银行提供的额度恢复到账通知书作恢复额度的相关账务处理，借记"零余额账户用款额度"科目，贷记本科目（财政授权支付）。中小学校收到财政部门批复的上年末未下达零余额账户用款额度时，借记"零余额账户用款额度"科目，贷记本科目（财政授权支付）。

四、本科目期末借方余额，反映中小学校应收财政返还的资金额度。

1212 应收账款

一、本科目核算中小学校因开展业务活动对外提供服务等而应收取的款项。

中小学校收到商业汇票（包括银行承兑汇票和商业承兑汇票）或发生预付账款的，也通过本科目核算。

二、本科目应当按照债务人进行明细核算。

三、应收账款的主要账务处理如下：

（一）发生应收账款时，按照应收未收金额，借记本科目，按照确认的收入金额，贷记"经营收入"等科目，按照应缴增值税金额，贷记"应缴税费——应缴增值税"科目。

（二）收回应收账款时，按照实际收到的金额，借记"银行存款"等科目，贷记本科目。

四、逾期三年或以上、有确凿证据表明确实无法收回的应收账款，按规定报经批准后予以核销。核销的应收账款应在"已核销应收账款备查簿"中保留登记。

（一）转入待处置资产时，按照待核销的应收账款金额，借记"待处置资产损溢"科目，贷记本科目。

（二）报经批准予以核销时，借记"其他支出"科目，贷记"待处置资产损溢"科目。

（三）已核销应收账款在以后期间收回的，按照实际收回的金额，借记"银行存款"等科目，贷记"其他收入"科目。

五、本科目期末借方余额，反映中小学校尚未收回的应收账款。

1215 其他应收款

一、本科目核算中小学校除财政应返还额度、应收账款以外的其他各项应收及暂付款项，如职工预借的差旅费、拨付给内部有关部门的备用金、应向职工收取的各种垫付款项等。

二、本科目应当按照其他应收款的类别以及债务人进行明细核算。

三、其他应收款的主要账务处理如下：

（一）发生其他各项应收及暂付款项时，借记本科目，贷记"银行存款"、"库存现金"等科目。

（二）收回其他各项应收及暂付款项时，借记"库存现金"、"银行存款"等科目，贷记本科目。

（三）中小学校内部实行备用金制度的，有关部门使用备用金以后应当及时到财务部门报销并补足备用金。财务部门核定并发放备用金时，借记本科目（备用金），贷记"库存现金"等科目。根据报销数用现金补足备用金定额时，借记有关科目，贷记"库存现金"等科目，报销数和拨补数都不再通过本科目核算。

四、逾期三年或以上、有确凿证据表明确实无法收回的其他应收款，按规定报经批准后予以核销。核销的其他应收款应在"已核销其他应收款备查簿"中保留登记。

（一）转入待处置资产时，按照待核销的其他应收款金额，借记"待处置资产损溢"科目，贷记本科目。

（二）报经批准予以核销时，借记"其他支出"科目，贷记"待处置资产损溢"科目。

（三）已核销其他应收款在以后期间收回的，按照实际收回的金额，借记"银行存款"等科目，贷记"其他收入"科目。

五、本科目期末借方余额，反映中小学校尚未收回的其他应收款。

1301　存货

一、本科目核算中小学校存货的实际成本。

存货是指中小学校在开展教育教学及其他活动中为耗用而储存的资产，包括各类材料、燃料、消耗物资和低值易耗品等。

中小学校随买随用的零星办公用品，可以在购进时直接列作支出，不通过本科目核算。

二、本科目应当按照存货的种类等进行明细核算。

三、存货的主要账务处理如下：

（一）存货在取得时，应当按照其实际成本入账。

1. 购入的存货，其成本包括购买价款、相关税费、运输费、装卸费、保险费以及其他使得存货达到目前场所和状态所发生的其他支出。

购入的存货验收入库，按照确定的成本，借记本科目，贷记"银行存款"、"零余额账户用款额度"、"公共财政预算拨款"、"政府性基金预算拨款"、"应付账款"等科目。

2. 接受捐赠、无偿调入的存货，其成本按照有关凭据注明的金额加上相关税费、运输费等确定；没有相关凭据的，其成本比照同类或类似存货的市场价格加上相关税费、运输费等确定；没有相关凭据、同类或类似存货的市场价格也无法可靠取得的，该存货按照名义金额（即人民币1元，下同）入账。

接受捐赠、无偿调入的存货验收入库，按照确定的成本，借记本科目，按照发生的相关税费、运输费等，贷记"银行存款"等科目，按照其差额，贷记"其他收入"科目。

按照名义金额入账的情况下，按照名义金额，借记本科目,贷记"其他收入"科目;按照发生的相关税费、运输费等,借记"其他支出"科目,贷记"银行存款"等科目。

(二)存货在发出时,应当根据实际情况采用先进先出法、加权平均法或者个别计价法确定发出存货的实际成本。计价方法一经确定,不得随意变更。低值易耗品的成本于领用时一次摊销。

1. 开展教育教学及其他活动领用、发出存货,按照领用、发出存货的实际成本,借记"事业支出"、"经营支出"等科目,贷记本科目。

2. 对外捐赠、无偿调出存货,转入待处置资产时,按照存货的账面余额,借记"待处置资产损溢"科目,贷记本科目。

实际捐出、调出存货时,按照"待处置资产损溢"科目的相应余额,借记"其他支出"科目,贷记"待处置资产损溢"科目。

四、中小学校的存货应当定期进行清查盘点,至少每年盘点一次。对于发生的存货盘盈、盘亏或者报废、毁损,应当及时查明原因,按规定报经批准后进行账务处理。

(一)盘盈的存货,按照同类或类似存货的实际成本或市场价格确定入账价值;同类或类似存货的实际成本、市场价格均无法可靠取得的，按照名义金额入账。

盘盈的存货，按照确定的入账价值，借记本科目，贷记"其他收入"科目。

（二）盘亏或者报废、毁损的存货，转入待处置资产时，按照待处置存货的账面余额，借记"待处置资产损溢"科目，贷记本科目。

报经批准予以处置时，按照"待处置资产损溢"科目的相应余额，借记"其他支出"科目，贷记"待处置资产损溢"科目。

处置存货过程中所取得的收入、发生的费用，以及处置收入扣除相关处置费用后的净收入的账务处理，参见"待处置资产损溢"科目。

五、本科目期末借方余额，反映中小学校存货的实际成本。

1401　长期投资△

一、本科目核算非义务教育阶段中小学校长期投资的实际成本。

长期投资是指非义务教育阶段中小学校依法取得的、持有时间超过1年（不含1年）的各种股权和债权性质的投资。

二、中小学校应当严格遵守国家法律、行政法规以及财政部门、主管部门关于对外投资的有关规定，义务教育阶段不得对外投资。

三、本科目应当按照长期投资的种类和被投资单位等进行明细核算。

四、长期投资的主要账务处理如下：

（一）长期股权投资

1. 长期股权投资在取得时，应当按照其实际成本作为投资成本。

（1）以货币资金取得的长期股权投资，按照实际支付的全部价款（包括购买价款以及税金、手续费等相关税费）作为投资成本，借记本科目，贷记"银行存款"等科目；同时，按照投资成本金额，借记"事业基金"科目，贷记"非流动资产基金——长期投资"科目。

（2）以固定资产取得的长期股权投资，按照评估价值加上相关税费作为投资成本，借记本科目，贷记"非流动资产基金——长期投资"科目，按照发生的相关税费，借记"其他支出"科目，贷记"银行存款"、"应缴税费"等科目；同时，按照投出固定资产的账面余额，借记"非流动资产基金——固定资产"科目，贷记"固定资产"科目。

（3）以已入账无形资产取得的长期股权投资，按照评估价值加上相关税费作为投资成本，借记本科目，贷记"非流动资产基金——长期投资"科目，按照发生的相关税费，借记"其他支出"科目，贷记"银行存款"、"应缴税费"等科目；同时，按照投出无形资产的账面余额，借记"非流动资产基金——无形资产"科目，贷记"无形资产"科目。

以未入账无形资产取得的长期股权投资，按照评估价值加上相关税费作为投资成本，借记本科目，贷记"非流动资产基金——长期投资"科目，按照发生的相关税费，借记"其他支出"科目，贷记"银行存款"、"应缴税费"等科目。

2. 长期股权投资持有期间，收到利润等投资收益时，按照实际收到的金额，借记"银行存款"等科目，贷记"其他收入——投资收益"科目。

3. 转让长期股权投资，转入待处置资产时，按照待转让长期股权投资的账面余额，借记"待处置资产损溢——处置资产价值"科目，贷记本科目。

实际转让时，按照所转让长期股权投资对应的非流动资产基金，借记"非流动资产基金——长期投资"科目，贷记"待处置资产损溢——处置资产价值"科目。

转让长期股权投资过程中取得价款、发生相关税费，以及转让价款扣除相关税费后的净收入的账务处理，参见"待处置资产损溢"科目。

4. 因被投资单位破产清算等原因，有确凿证据表明长期股权投资发生损失，按规定报经批准后予以核销。将待核销长期股权投资转入待处置资产时，按照待核销的长期股权投资账面余额，借记"待处置资产损溢"科目，贷记本科目。

报经批准予以核销时，借记"非流动资产基金——长期投资"科目，贷记"待处置资产损溢"科目。

（二）长期债券投资

1. 长期债券投资在取得时，应当按照其实际成本作为投资成本。

以货币资金购入的长期债券投资，按照实际支付的全部价款（包括购买价款以及税金、手续费等相关税费）作为投资成本，借记本科目，贷记"银行存款"等科目；同时，按照投资成本金额，借记"事业基金"科目，贷记"非流动资产基金——长期投资"科目。

2. 长期债券投资持有期间收到利息时，按照实际收到的金额，借记"银行存款"等科目，贷记"其他收入——投资收益"科目。

3. 对外转让或到期收回长期债券投资本息，按照实际收到的金额,借记"银行存款"等科目,按照收回长期债券投资的成本,贷记本科目,按照其差额,贷记或借记"其他收入——投资收益"科目;同时,按照收回长期债券投资对应的非流动资产基金,借记"非流动资产基金——长期投资"科目,贷记"事业基金"科目。

五、本科目期末借方余额,反映中小学校持有的长期投资成本。

1501　固定资产

一、本科目核算中小学校固定资产的原价。

固定资产是指中小学校持有的使用期限超过1年(不含1年)、单位价值在规定标准以上,并在使用过程中基本保持原有物质形态的资产。单位价值虽未达到规定标准,但使用期限超过1年(不含1年)的大批同类物资,作为固定资产核算和管理。

二、中小学校的固定资产一般分为六类:房屋及构筑物;专用设备;通用设备;文物和陈列品;图书、档案;家具、用具、装具及动植物。有关说明如下:

(一)中小学校购建的房屋及构建物,不能够分清购建成本中的房屋及构建物部分与土地使用权部分的,应当全部作为固定资产核算;能够分清购建成本中的房屋及构建物部分与土地使用权部分的，应当将其中的房屋及构建物部分作为固定资产核算，将其中的土地使用权作为无形资产核算。

（二）对于应用软件，如果其构成相关硬件不可缺少的组成部分，应当将该软件价值包括在所属硬件价值中，一并作为固定资产进行核算；如果其不构成相关硬件不可缺少的组成部分，应当将该软件作为无形资产核算。

（三）购入需要安装的固定资产，应当先通过"在建工程"科目核算，安装完毕交付使用时再转入本科目核算。

（四）中小学校以经营租赁租入的固定资产，不作为固定资产核算，应当另设备查簿进行登记。

三、中小学校应当根据固定资产定义，结合本单位的具体情况，制定适合于本单位的固定资产目录、具体分类方法，作为进行固定资产核算的依据。

中小学校应当设置"固定资产登记簿"和"固定资产卡片"，按照固定资产类别、项目和使用部门等进行明细核算。出租、出借的固定资产，应当设置备查簿进行登记。

四、有条件的中小学校应当设置固定资产折旧辅助账，登记固定资产原价、当期应计提折旧及累计折旧等情况。

五、固定资产的主要账务处理如下：

（一）固定资产在取得时，应当按照其实际成本入账。

1. 购入的固定资产，其成本包括购买价款、相关税费以及固定资产交付使用前所发生的可归属于该项资产的运输费、装卸费、安装调试费和专业人员服务费等。

以一笔款项购入多项没有单独标价的固定资产，按照各项固定资产同类或类似资产市场价格的比例对总成本进行分配，分别确定各项固定资产的入账成本。

购入不需安装的固定资产，按照确定的固定资产成本，借记本科目，贷记"非流动资产基金——固定资产"科目；同时，按照实际支付金额，借记"事业支出"、"经营支出"、"专用基金——修购基金"等科目，贷记"公共财政预算拨款"、"政府性基金预算拨款"、"零余额账户用款额度"、"银行存款"等科目。

购入需要安装的固定资产，先通过"在建工程"科目核算。安装完工交付使用时，借记本科目，贷记"非流动资产基金——固定资产"科目；同时，借记"非流动资产基金——在建工程"科目，贷记"在建工程"科目。

2. 自行建造的固定资产，其成本包括建造该项资产至交付使用前所发生的全部必要支出。

工程完工交付使用时，按照自行建造过程中发生的实际支出，借记本科目，贷记"非流动资产基金——固定资产"科目；同时，借记"非流动资产基金——在建工程"科目，贷记"在建工程"科目。已交付使用但尚未办理竣工决算手续的固定资产，按照估计价值入账，待确定实际成本后再进行调整。

3. 在原有固定资产基础上进行改建、扩建、修缮后的固定资产，其成本按照原固定资产账面余额加上改建、扩建、修缮发生的支出，再扣除固定资产拆除部分的账面余额后的金额确定。

将固定资产转入改建、扩建、修缮时，按照固定资产的账面余额，借记"在建工程"科目，贷记"非流动资产基金——在建工程"科目；同时，借记"非流动资产基金——固定资产"科目，贷记本科目。

工程完工交付使用时，借记本科目，贷记"非流动资产基金——固定资产"科目；同时，借记"非流动资产基金——在建工程"科目，贷记"在建工程"科目。

4. 以融资租赁租入的固定资产，其成本按照租赁协议或者合同确定的租赁价款、相关税费以及固定资产交付使用前所发生的可归属于该项资产的运输费、途中保险费、安装调试费等确定。

融资租入的固定资产，按照确定的成本，借记本科目［不需安装］或"在建工程"科目［需安装］，按照租赁协议或者合同确定的租赁价款，贷记"长期应付款"科目，按照其差额，贷记"非流动资产基金——固定资产、在建工程"科目。同时，按照实际支付的相关税费、运输费、途中保险费、安装调试费等，借记"事业支出"、"经营支出"等科目，贷记"银行存款"、"零余额账户用款额度"、"公共财政预算拨款"、"政府性基金预算拨款"等科目。

定期支付租金时，按照支付的租金金额，借记"事业支出"、"经营支出"等科目，贷记"银行存款"、"零余额账户用款额度"、"公共财政预算拨款"、"政府性基金预算拨款"等科目；同时，借记"长期应付款"科目，贷记"非流动资产基金——固定资产"科目。

跨年度分期付款购入固定资产的账务处理，参照融资租入固定资产。

5. 接受捐赠、无偿调入的固定资产，其成本按照有关凭据注明的金额加上相关税费、运输费等确定；没有相关凭据的，其成本比照同类或类似固定资产的市场价格加上相关税费、运输费等确定；没有相关凭据、同类或类似固定资产的市场价格也无法可靠取得的,该固定资产按照名义金额入账。

接受捐赠、无偿调入的固定资产,按照确定的固定资产成本,借记本科目［不需安装］或"在建工程"科目［需安装］,贷记"非流动资产基金——固定资产、在建工程"科目;按照发生的相关税费、运输费等,借记"其他支出"科目,贷记"银行存款"等科目。

(二)与固定资产有关的后续支出,应分别以下情况处理:

1. 为增加固定资产使用效能或延长其使用年限而发生的改建、扩建或修缮等后续支出,应当计入固定资产成本,通过"在建工程"科目核算,完工交付使用时转入本科目。有关账务处理参见"在建工程"科目。

2. 为维护固定资产的正常使用而发生的日常修理等后续支出,应当计入当期支出但不计入固定资产成本,借记"事业支出"、"经营支出"等科目,贷记"银行存款"、"零余额账户用款额度"、"公共财政预算拨款"、"政府性基金预算拨款"等科目。

(三)报经批准出售、无偿调出、对外捐赠固定资产或以固定资产对外投资,应当分别以下情况处理:

1. 出售、无偿调出、对外捐赠固定资产，转入待处置资产时，按照待处置固定资产的账面余额，借记"待处置资产损溢"科目，贷记本科目。

实际出售、调出、捐出时，按照处置固定资产对应的非流动资产基金，借记"非流动资产基金——固定资产"科目，贷记"待处置资产损溢"科目。

出售固定资产过程中取得价款、发生相关税费，以及出售价款扣除相关税费后的净收入的账务处理，参见"待处置资产损溢"科目。

2. 以固定资产对外投资，按照评估价值加上相关税费作为投资成本，借记"长期投资"科目，贷记"非流动资产基金——长期投资"科目，按照发生的相关税费，借记"其他支出"科目，贷记"银行存款"、"应缴税费"等科目；同时，按照投出固定资产的账面余额，借记"非流动资产基金——固定资产"科目，贷记本科目。

六、中小学校的固定资产应当定期进行清查盘点，至少每年盘点一次。对于发生的固定资产盘盈、盘亏或者报废、毁损，应当及时查明原因，按规定报经批准后进行账务处理。

（一）盘盈的固定资产，按照同类或类似固定资产的市场价格确定入账价值；同类或类似固定资产的市场价格无法可靠取得的,按照名义金额入账。

盘盈的固定资产,按照确定的入账价值,借记本科目,贷记"非流动资产基金——固定资产"科目。

(二)盘亏或者报废、毁损的固定资产,转入待处置资产时,按照待处置固定资产的账面余额,借记"待处置资产损溢"科目,贷记本科目。

报经批准予以处置时,按照处置固定资产对应的非流动资产基金,借记"非流动资产基金——固定资产"科目,贷记"待处置资产损溢"科目。

处置报废、毁损固定资产过程中所取得的收入、发生的相关费用,以及处置收入扣除相关费用后的净收入的账务处理,参见"待处置资产损溢"科目。

七、本科目期末借方余额,反映中小学校固定资产的原价。

1511 在建工程

一、本科目核算中小学校在建工程的实际成本。

在建工程是指中小学校已经发生必要支出,但尚未达到交付使用状态的建设工程,包括各种建筑(包括新建、改建、扩建、修缮等)和设备安装工程。

二、本科目应当按照工程性质和具体工程项目等进行明细核算。

三、中小学校的基本建设投资应当按照国家有关规定单独建账、单独核算，同时按照本制度的规定至少按月并入本科目及其他相关科目反映。

中小学校应当在本科目下设置"基建工程"明细科目，核算由基建账套并入的在建工程成本。有关基建并账的具体账务处理另行规定。

四、在建工程（非基本建设项目）的主要账务处理如下：

（一）建筑工程

1. 将固定资产转入改建、扩建或修缮等时，按照固定资产的账面余额，借记本科目，贷记"非流动资产基金——在建工程"科目；同时，借记"非流动资产基金——固定资产"科目，贷记"固定资产"科目。

2. 根据工程价款结算账单与施工企业结算工程价款时，按照实际支付的工程价款，借记本科目，贷记"非流动资产基金——在建工程"科目；同时，借记"事业支出"等科目，贷记"银行存款"、"零余额账户用款额度"、"公共财政预算拨款"、"政府性基金预算拨款"等科目。

3. 非义务教育阶段中小学校为建筑工程借入的专门借款的利息，属于建设期间发生的，计入在建工程成本，借记本科目，贷记"非流动资产基金——在建工程"科目；同时，借记"其他支出——利息支出"科目，贷记"银行存款"等科目。

4. 工程完工交付使用时，按照建筑工程所发生的实际成本，借记"固定资产"科目，贷记"非流动资产基金——固定资产"科目；同时，借记"非流动资产基金——在建工程"科目，贷记本科目。

（二）设备安装

1. 购入需要安装的设备，按照确定的成本，借记本科目，贷记"非流动资产基金——在建工程"科目；同时，按照实际支付金额，借记"事业支出"、"经营支出"等科目，贷记"银行存款"、"零余额账户用款额度"、"公共财政预算拨款"、"政府性基金预算拨款"等科目。

融资租入需要安装的设备，按照确定的成本，借记本科目，按照租赁协议或者合同确定的租赁价款，贷记"长期应付款"科目，按照其差额，贷记"非流动资产基金——在建工程"科目。同时，按照实际支付的相关税费、运输费、途中保险费等，借记"事业支出"、"经营支出"等科目，贷记"银行存款"、"零余额账户用款额度"、"公共财政预算拨款"、"政府性基金预算拨款"等科目。

2. 发生安装费用，借记本科目，贷记"非流动资产基金——在建工程"科目；同时，借记"事业支出"、"经营支出"等科目，贷记"银行存款"、"零余额账户用款额度"、"公共财政预算拨款"、"政府性基金预算拨款"等科目。

3.设备安装完工交付使用时，借记"固定资产"科目，贷记"非流动资产基金——固定资产"科目；同时，借记"非流动资产基金——在建工程"科目，贷记本科目。

五、本科目期末借方余额，反映中小学校尚未完工的在建工程发生的实际成本。

1601 无形资产

一、本科目核算中小学校无形资产的原价。

无形资产是指中小学校持有的不具有实物形态的可辨认非货币性资产，包括专利权、商标权、著作权、土地使用权、非专利技术等。

中小学校购入的不构成相关硬件不可缺少组成部分的应用软件，应当作为无形资产核算。

二、本科目应当按照无形资产的类别、项目等进行明细核算。

三、有条件的中小学校应当设置无形资产摊销辅助账，登记无形资产原价、当期应计提摊销及累计摊销等情况。

四、无形资产的主要账务处理如下：

（一）无形资产在取得时，应当按照其实际成本入账。

1. 外购的无形资产，其成本包括购买价款、相关税费以及可归属于该项资产达到预定用途所发生的其他支出。

购入的无形资产，按照确定的无形资产成本，借记本科目，贷记"非流动资产基金——无形资产"科目；同时，按照实际支付金额，借记"事业支出"等科目，贷记"银行存款"、"零余额账户用款额度"、"公共财政预算拨款"、"政府性基金预算拨款"等科目。

2. 委托软件公司开发软件视同外购无形资产进行处理。

支付软件开发费时，按照实际支付金额，借记"事业支出"等科目，贷记"银行存款"、"零余额账户用款额度"、"公共财政预算拨款"、"政府性基金预算拨款"等科目。软件开发完成交付使用时，按照软件开发费总额，借记本科目，贷记"非流动资产基金——无形资产"科目。

3. 接受捐赠、无偿调入的无形资产，其成本按照有关凭据注明的金额加上相关税费等确定；没有相关凭据的，其成本比照同类或类似无形资产的市场价格加上相关税费等确定；没有相关凭据、同类或类似无形资产的市场价格也无法可靠取得的，该资产按照名义金额入账。

接受捐赠、无偿调入的无形资产，按照确定的无形资产成本，借记本科目，贷记"非流动资产基金——无形资产"科目；按照发生的相关税费等，借记"其他支出"科目，贷记"银行存款"等科目。

（二）与无形资产有关的后续支出，应当分别以下情况处理：

1. 为增加无形资产的使用效能而发生的后续支出，如对软件进行升级改造或扩展其功能等所发生的支出，应当计入无形资产的成本，借记本科目，贷记"非流动资产基金——无形资产"科目；同时，借记"事业支出"等科目，贷记"银行存款"、"零余额账户用款额度"、"公共财政预算拨款"、"政府性基金预算拨款"等科目。

2. 为维护无形资产的正常使用而发生的后续支出，如对软件进行漏洞修补、技术维护等所发生的支出，应当计入当期支出但不计入无形资产成本，借记"事业支出"等科目，贷记"银行存款"、"零余额账户用款额度"、"公共财政预算拨款"、"政府性基金预算拨款"等科目。

（三）报经批准转让、无偿调出、对外捐赠无形资产或以无形资产对外投资，应当分别以下情况处理：

1.转让、无偿调出、对外捐赠无形资产，转入待处置资产时，按照待处置无形资产的账面余额，借记"待处置资产损溢"科目，贷记本科目。

实际转让、调出、捐出时，按照处置无形资产的账面余额，借记"非流动资产基金——无形资产"科目，贷记"待处置资产损溢"科目。

转让无形资产过程中取得价款、发生相关税费，以及出售价款扣除相关税费后的净收入的账务处理，参见"待处置资产损溢"科目。

2.以已入账无形资产对外投资，按照评估价值加上相关税费作为投资成本，借记"长期投资"科目，贷记"非流动资产基金——长期投资"科目，按照发生的相关税费，借记"其他支出"科目，贷记"银行存款"、"应缴税费"等科目；同时，按照投出无形资产的账面余额，借记"非流动资产基金——无形资产"科目，贷记本科目。

（四）无形资产预期不能为中小学校带来服务潜力或经济利益的，应当按规定报经批准后将该无形资产的账面余额予以核销。

转入待处置资产时,按照待核销无形资产的账面余额,借记"待处置资产损溢"科目,贷记本科目。

报经批准予以核销时,按照核销无形资产对应的非流动资产基金,借记"非流动资产基金——无形资产"科目,贷记"待处置资产损溢"科目。

五、本科目期末借方余额,反映中小学校无形资产的原价。

1701　待处置资产损溢

一、本科目核算中小学校待处置资产的价值及处置损溢。

中小学校资产处置包括资产的出售、出让、转让、对外捐赠、无偿调出、盘亏、报废、毁损以及货币性资产损失核销等。

二、本科目应当按照待处置资产项目进行明细核算;对于在处置过程中取得相关收入、发生相关费用的处置项目,还应设置"处置资产价值"、"处置净收入"明细科目,进行明细核算。

三、中小学校处置资产一般应当先记入本科目,按规定报经批准后及时进行账务处理。年度终了结账前一般应处理完毕。

四、待处置资产损溢的主要账务处理如下：

（一）按规定报经批准予以核销的应收及预付款项、长期股权投资、无形资产

1.转入待处置资产时，借记本科目，贷记"应收账款"、"其他应收款"、"长期投资"、"无形资产"等科目。

2.报经批准予以核销时，借记"其他支出"科目〔应收及预付款项核销〕或"非流动资产基金——长期投资、无形资产"科目〔长期投资、无形资产核销〕，贷记本科目。

（二）盘亏或者毁损、报废的存货、固定资产

1.转入待处置资产时，借记本科目（处置资产价值），贷记"存货"、"固定资产"等科目。

2.报经批准予以处置时，借记"其他支出"科目〔处置存货〕或"非流动资产基金——固定资产"科目〔处置固定资产〕，贷记本科目（处置资产价值）。

3.处置毁损、报废存货、固定资产过程中收到残值变价收入、保险理赔和过失人赔偿等，借记"库存现金"、"银行存款"等科目，贷记本科目（处置净收入）。

4.处置毁损、报废存货、固定资产过程中发生相关费用，借记本科目（处置净收入），贷记"库存现金"、"银行存款"等科目。

5. 处置完毕，按照处置收入扣除相关处置费用后的净收入，借记本科目（处置净收入），贷记"应缴国库款"等科目。

（三）对外捐赠、无偿调出存货、固定资产、无形资产

1. 转入待处置资产时，借记本科目，贷记"存货"、"固定资产"、"无形资产"等科目。

2. 实际捐出、调出时，借记"其他支出"科目［捐出、调出存货］或"非流动资产基金——固定资产、无形资产"科目［捐出、调出固定资产、无形资产］，贷记本科目。

（四）转让（出售）长期股权投资、固定资产、无形资产

1. 转入待处置资产时，借记本科目（处置资产价值），贷记"长期投资"、"固定资产"、"无形资产"等科目。

2. 实际转让时，借记"非流动资产基金——长期投资、固定资产、无形资产"科目，贷记本科目（处置资产价值）。

3. 转让过程中取得价款、发生相关税费，以及转让价款扣除相关税费后的净收入的账务处理，按照国家有关规定，比照本科目"四（二）"有关毁损、报废

存货、固定资产进行处理。

五、本科目期末如为借方余额，反映尚未处置完毕的各种资产价值及净损失；期末如为贷方余额，反映尚未处置完毕的各种资产净溢余。年度终了报经批准处理后，本科目一般应无余额。

二、负债类

2001　短期借款△

一、本科目核算非义务教育阶段中小学校经批准从银行等金融机构借入的期限在1年内（含1年）的各种借款本金。

严禁义务教育阶段中小学校举借债务。

二、本科目应当按照贷款单位和贷款种类进行明细核算。

三、短期借款的主要账务处理如下：

（一）借入各种短期借款时，按照实际借入的金额，借记"银行存款"科目，贷记本科目。

（二）支付短期借款利息时，借记"其他支出"科目，贷记"银行存款"科目。

（三）归还短期借款本金时，借记本科目，贷记"银行存款"科目。

四、本科目期末贷方余额，反映非义务教育阶段中小学校尚未归还的短期借款本金。

2101　应缴税费

一、本科目核算中小学校按照税法等规定计算应缴纳的各种税费，包括营业税、增值税、城市维护建设税、教育费附加、房产税、城镇土地使用税、车船税、企业所得税等。

中小学校代扣代缴的个人所得税，通过本科目核算。

中小学校应缴纳的印花税不需要预提应缴税费，直接通过支出等有关科目核算，不在本科目核算。

二、本科目应当按照应缴纳的税费种类进行明细核算。

三、应缴税费的主要账务处理如下：

（一）发生营业税、城市维护建设税、教育费附加纳税义务的，按税法规定计算的应缴税费金额，借记"待处置资产损溢——处置净收入"科目［出售不动产应缴的税费］或有关支出科目，贷记本科目。实际缴纳时，借记本科目，贷记"银行存款"科目。

（二）属于增值税小规模纳税人的中小学校销售应税产品或提供应税服务，按照实际收到或应收的价款，借记"银行存款"、"应收账款"等科目，按照实际收到或应收价款扣除增值税额后的金额，贷记"经营收入"等科目，按照应缴增值税金额，贷记本科目（应缴增值税）。实际缴纳增值税时，借记本科目（应缴增值税），贷记"银行存款"科目。

（三）发生房产税、城镇土地使用税、车船税纳税义务的，按税法规定计算的应缴税金数额，借记有关科目，贷记本科目。实际缴纳时，借记本科目，贷记"银行存款"科目。

（四）代扣代缴个人所得税的，按税法规定计算应代扣代缴的个人所得税金额，借记"应付职工薪酬"科目，贷记本科目。实际缴纳时，借记本科目，贷记"银行存款"科目。

（五）发生企业所得税纳税义务的，按税法规定计算的应缴税金数额，借记"非财政补助结余分配"科目，贷记本科目。实际缴纳时，借记本科目，贷记"银行存款"科目。

（六）发生其他纳税义务的，按照应缴纳的税费金额，借记有关科目，贷记本科目。实际缴纳时，借记本科目，贷记"银行存款"等科目。

四、本科目期末借方余额，反映中小学校多缴纳的税费金额；本科目期末贷方余额，反映中小学校应缴未缴的税费金额。

2102 应缴国库款

一、本科目核算中小学校按规定应缴入国库的款项（应缴税费除外）。

二、本科目应当按照应缴国库的各款项类别进行明细核算。

三、应缴国库款的主要账务处理如下：

（一）按规定计算确定或实际取得应缴国库的款项时，借记有关科目，贷记本科目。

（二）中小学校处置资产取得的应上缴国库的处置净收入的账务处理，参见"待处置资产损溢"科目。

（三）上缴款项时，借记本科目，贷记"银行存款"等科目。

四、本科目期末贷方余额，反映中小学校应缴入国库但尚未缴纳的款项。

2103 应缴财政专户款

一、本科目核算中小学校按规定应缴入财政专户的款项。

二、本科目应当按照应缴财政专户的各款项类别进行明细核算。

三、应缴财政专户款的主要账务处理如下：

（一）取得应缴财政专户的款项时，借记有关科目，贷记本科目。

（二）上缴款项时，借记本科目，贷记"银行存款"等科目。

四、本科目期末贷方余额，反映中小学校应缴入财政专户但尚未缴纳的款项。

2201 应付职工薪酬

一、本科目核算中小学校按有关规定应付给职工及为职工支付的各种薪酬。包括基本工资、绩效工资、国家统一规定的津贴补贴、社会保险费、住房公积金等。

二、本科目应当根据国家有关规定按照"工资（离退休费）"、"地方（部门）津贴补贴"、"其他个人收入"以及"社会保险费"、"住房公积金"等进行明细核算。

三、应付职工薪酬的主要账务处理如下：

（一）计算当期应付职工薪酬，借记"事业支出"、"经营支出"等科目，贷记本科目。

（二）向职工支付工资、津贴补贴等薪酬，借记本科目，贷记"银行存款"、"零余额账户用款额度"、

"公共财政预算拨款"、"政府性基金预算拨款"等科目。

(三) 按税法规定代扣代缴个人所得税,借记本科目,贷记"应缴税费——应缴个人所得税"科目。

(四) 按照国家有关规定缴纳职工社会保险费和住房公积金,借记本科目,贷记"银行存款"、"零余额账户用款额度"、"公共财政预算拨款"、"政府性基金预算拨款"等科目。

(五) 从应付职工薪酬中支付其他款项,借记本科目,贷记"银行存款"、"零余额账户用款额度"、"公共财政预算拨款"、"政府性基金预算拨款"等科目。

四、本科目期末贷方余额,反映中小学校应付未付的职工薪酬。

2302 应付账款

一、本科目核算中小学校因购买材料、物资等而应付的款项。

中小学校开出、承兑商业汇票(包括银行承兑汇票和商业承兑汇票)或发生预收账款的,也通过本科目核算。

二、本科目应当按照债权单位(或个人)进行明细核算。

三、应付账款的主要账务处理如下：

（一）购入材料、物资等已验收入库但货款尚未支付的，按照应付未付金额，借记"存货"等科目，贷记本科目。

（二）偿付应付账款时，按照实际支付的金额，借记本科目，贷记"银行存款"等科目。

（三）无法偿付或债权人豁免偿还的应付账款，借记本科目，贷记"其他收入"科目。

四、本科目期末贷方余额，反映中小学校尚未支付的应付账款。

2305 其他应付款

一、本科目核算中小学校除应缴税费、应缴国库款、应缴财政专户款、应付职工薪酬、应付账款之外的其他各项偿还期限在1年内（含1年）的应付及暂收款项。

中小学校的代管款项在"代管款项"科目核算，不在本科目核算。

二、本科目应当按照其他应付款的类别以及债权单位（或个人）进行明细核算。

三、其他应付款的主要账务处理如下：

（一）发生其他各项应付及暂收款项时，借记"银行存款"等科目,贷记本科目。

(二)支付其他应付款项时,借记本科目,贷记"银行存款"等科目。

(三)无法偿付或债权人豁免偿还的其他应付款项,借记本科目,贷记"其他收入"科目。

四、本科目期末贷方余额,反映中小学校尚未支付的其他应付款。

2401 长期借款△

一、本科目核算非义务教育阶段中小学校经批准从银行等金融机构借入的期限超过1年(不含1年)的各种借款本金。

严禁义务教育阶段中小学校举借债务。

二、本科目应当按照贷款单位和贷款种类进行明细核算。对于基建项目借款,还应按具体项目进行明细核算。

三、长期借款的主要账务处理如下:

(一)借入各项长期借款时,按照实际借入的金额,借记"银行存款"科目,贷记本科目。

(二)为购建固定资产支付的专门借款利息,分别以下情况处理:

1. 属于工程项目建设期间支付的,计入工程成本，按照支付的利息，借记"在建工程"科目，贷记"非流动资产基金——在建工程"科目；同时，借记"其他支出"科目，贷记"银行存款"科目。

2.属于工程项目完工交付使用后支付的，计入当期支出但不计入工程成本，按照支付的利息，借记"其他支出"科目，贷记"银行存款"科目。

（三）支付长期借款利息，按照支付的利息金额，借记"其他支出"科目，贷记"银行存款"科目。

（四）归还长期借款本金时，借记本科目，贷记"银行存款"科目。

四、本科目期末贷方余额，反映中小学校尚未归还的长期借款本金。

2402 长期应付款

一、本科目核算中小学校发生的偿还期限超过1年（不含1年）的应付款项，如以融资租赁租入固定资产的租赁费、跨年度分期付款购入固定资产的价款等。

二、本科目应当按照长期应付款的类别以及债权单位（或个人）进行明细核算。

三、长期应付款的主要账务处理如下：

（一）发生长期应付款时，借记"固定资产"、"在建工程"等科目,贷记本科目、"非流动资产基金"等科目。

(二)支付长期应付款时,借记"事业支出"、"经营支出"等科目,贷记"银行存款"等科目;同时,借记本科目,贷记"非流动资产基金"科目。

(三)无法偿付或债权人豁免偿还的长期应付款,借记本科目,贷记"其他收入"科目。

四、本科目期末贷方余额,反映中小学校尚未支付的长期应付款。

2501　代管款项

一、本科目核算中小学校接受委托代为管理的各类款项,包括为提供服务的单位代收交付的教科书费、作业本费、食堂伙食费等代收费,以及党费、团费等代管经费。

二、本科目应当按照教科书费、作业本费、食堂伙食费以及党费、团费等代管款项类别进行明细核算。

三、代管款项的主要账务处理如下:

(一)代收各类代管款项,按照实际收到的金额,借记"库存现金"、"银行存款"等科目,贷记本科目。

(二)支付或退回代管款项,按照实际支付的金额,借记本科目,贷记"库存现金"、"银行存款"等科目。

四、本科目期末贷方余额，反映中小学校各类代管款项尚未支付的余额。

三、净资产类

3001 事业基金

一、本科目核算中小学校拥有的非限定用途的净资产，主要为非财政补助结余扣除结余分配后滚存的金额。

二、事业基金的主要账务处理如下：

（一）年末，将"非财政补助结余分配"科目余额结转至本科目，借记或贷记"非财政补助结余分配"科目，贷记或借记本科目。

（二）年末，将留归本单位使用的非财政补助专项（项目已完成）剩余资金结转至本科目，借记"非财政补助结转——××项目"科目，贷记本科目。

（三）以货币资金取得长期股权投资、长期债券投资，按照实际支付的全部价款（包括购买价款以及税金、手续费等相关税费）作为投资成本，借记"长期投资"科目，贷记"银行存款"等科目；同时，按照投资成本金额，借记本科目，贷记"非流动资产基金——

长期投资"科目。

（四）对外转让或到期收回长期债券投资本息，按照实际收到的金额，借记"银行存款"等科目，按照收回长期债券投资的成本，贷记"长期投资"科目，按照其差额，贷记或借记"其他收入——投资收益"科目；同时，按照收回长期债券投资对应的非流动资产基金，借记"非流动资产基金——长期投资"科目，贷记本科目。

三、中小学校发生需要调整以前年度非财政补助结余的事项，通过本科目核算。国家另有规定的，从其规定。

四、本科目期末贷方余额，反映中小学校历年积存的非限定用途净资产的金额。

3101　非流动资产基金

一、本科目核算中小学校长期投资、固定资产、在建工程、无形资产等非流动资产占用的金额。

二、本科目应当设置"长期投资"、"固定资产"、"在建工程"、"无形资产"等明细科目，进行明细核算。

三、非流动资产基金的主要账务处理如下：

（一）非流动资产基金应当在取得长期投资、固定资产、在建工程、无形资产等非流动资产或发生相关支出时予以确认。

取得相关资产或发生相关支出时，借记"长期投资"、"固定资产"、"在建工程"、"无形资产"等科目，贷记本科目等有关科目；同时或待以后发生相关支出时，借记"事业支出"等有关科目，贷记"银行存款"、"零余额账户用款额度"、"公共财政预算拨款"、"政府性基金预算拨款"等科目。

（二）处置长期股权投资、固定资产、无形资产，以及以固定资产、无形资产对外投资时，应当冲销该资产对应的非流动资产基金。

1. 以固定资产、无形资产对外投资，按照评估价值加上相关税费作为投资成本，借记"长期投资"科目，贷记本科目（长期投资），按照发生的相关税费，借记"其他支出"科目，贷记"银行存款"等科目；同时，按照投出固定资产、无形资产的账面余额，借记本科目（固定资产、无形资产），贷记"固定资产"、"无形资产"科目。

2. 出售或以其他方式处置长期股权投资、固定资产、无形资产，转入待处置资产时，借记"待处置资产损溢"科目，贷记"长期投资"、"固定资产"、"无形资产"等科目。

实际处置时，借记本科目（长期投资、固定资产、无形资产），贷记"待处置资产损溢"科目。

四、本科目期末贷方余额，反映中小学校非流动资产占用的金额。

3201　专用基金

一、本科目核算中小学校按规定提取或者设置的具有专门用途的净资产。

二、本科目应当设置"修购基金△"、"职工福利基金"、"奖助学基金"、"其他专用基金"等明细科目，进行明细核算。

（一）修购基金△，即非义务教育阶段中小学校按照事业收入和经营收入的一定比例提取，并按照规定在相应的购置和修缮科目中列支，以及按照其他规定转入，用于本校固定资产维修和购置的资金。义务教育阶段中小学校不提取修购基金。

（二）职工福利基金，即中小学校按照非财政拨款（补助）结余的一定比例提取以及按照其他规定提取转入，用于职工集体福利设施、集体福利待遇等的资金。

（三）奖助学基金，即中小学校接受社会捐赠和按照规定从事业收入中提取转入，用于奖励、资助学生的资金。

（四）其他专用基金，即中小学校按照其他有关规定，根据事业发展需要提取或者设置的专用资金。

三、专用基金的主要账务处理如下：

（一）提取和使用修购基金△

非义务教育阶段中小学校按规定提取修购基金的，按照提取的金额，借记"事业支出"、"经营支出"科目，贷记本科目（修购基金）。

按规定使用修购基金时，借记本科目（修购基金），贷记"银行存款"等科目；使用修购基金形成固定资产的，还应借记"固定资产"科目，贷记"非流动资产基金——固定资产"科目。

（二）提取和使用职工福利基金

按照有关规定提取职工福利费的，按照提取的金额，借记有关科目，贷记本科目（职工福利基金）。

年末，按规定从本年度非财政补助结余中提取职工福利基金的，按照提取的金额，借记"非财政补助结余分配"科目，贷记本科目（职工福利基金）。

按规定使用职工福利基金时，借记本科目（职工福利基金），贷记"银行存款"等科目；使用职工福利基金形成固定资产的，还应借记"固定资产"科目，贷记"非流动资产基金——固定资产"科目。

（三）接受或提取奖助学基金

1. 接受和使用专门用于奖助学的社会捐赠

收到专门用于奖助学的社会捐赠时，按照实际收到的金额,借记"银行存款"等科目,贷记"其他收入——捐赠收入"科目。

使用此类捐赠时,按照实际支付的金额,借记"事业支出"等科目,贷记"库存现金"、"银行存款"等科目。

期末,按照当期实际收到的此类捐赠金额,借记"其他收入——捐赠收入"科目,贷记"非财政补助结转"科目;按照当期实际支付的此类捐赠金额,借记"非财政补助结转"科目,贷记"事业支出"等科目。

年末,按照当年尚未使用的此类捐赠余额,借记"非财政补助结转"科目,贷记本科目(奖助学基金)。

2. 提取和使用奖助学基金

按规定提取奖助学基金的,按照提取的金额,借记"事业支出"等科目,贷记本科目(奖助学基金)。

按规定使用此类奖助学基金时,借记本科目(奖助学基金),贷记"银行存款"等科目。

(四)提取和使用其他专用基金

如有按规定提取的其他专用基金,按照提取的金额,借记有关支出科目或"非财政补助结余分配"等科目,贷记本科目。

按规定使用其他专用基金时,借记本科目,贷记"银行存款"等科目;使用专用基金形成固定资产的，还应借记"固定资产"科目，贷记"非流动资产基金——固定资产"科目。

四、本科目期末贷方余额，反映中小学校专用基金余额。

3301 财政补助结转

一、本科目核算中小学校滚存的财政补助结转资金，包括基本支出结转和项目支出结转。

二、本科目应当设置"基本支出结转"、"项目支出结转"两个明细科目，并在"基本支出结转"明细科目下按照"人员经费"、"日常公用经费"进行明细核算，在"项目支出结转"明细科目下按照具体项目进行明细核算；本科目还应按照《政府收支分类科目》中"支出功能分类科目"的相关科目进行明细核算。

三、财政补助结转的主要账务处理如下：

（一）期末，将财政补助收入（包括公共财政预算拨款和政府性基金预算拨款，下同）本期发生额结转至本科目，借记"公共财政预算拨款——基本支出、项目支出"、"政府性基金预算拨款——基本支出、项目支出"科目，贷记本科目（基本支出结转、项目支出结转）；将事业支出（财政补助支出）本期发生额结转至本科目，借记本科目（基本支出结转、项目支出结转），贷记"事业支出——财政补助支出（基本支出、项目支出）"科目。

（二）年末，完成上述（一）结转后，应当对财政补助各明细项目执行情况进行分析，按照有关规定将符合财政补助结余性质的项目余额结转至"财政补助结余"科目，借记或贷记本科目（项目支出结转——××项目），贷记或借记"财政补助结余"科目。

（三）按规定上缴财政补助结转资金或注销财政补助结转额度的，按照实际上缴金额或注销的额度金额，借记本科目，贷记"银行存款"、"零余额账户用款额度"、"财政应返还额度"等科目。取得主管部门归集调入财政补助结转资金或额度的，做相反会计分录。

四、中小学校发生需要调整以前年度财政补助结转的事项，通过本科目核算。

五、本科目期末贷方余额，反映中小学校财政补助结转资金数额。

3302　财政补助结余

一、本科目核算中小学校滚存的财政补助项目支出结余资金。

二、本科目应当按照《政府收支分类科目》中"支出功能分类科目"的相关科目进行明细核算。

三、财政补助结余的主要账务处理如下：

（一）年末，对财政补助各明细项目执行情况进行分析，按照有关规定将符合财政补助结余性质的项目余额结转至"财政补助结余"科目，借记或贷记"财政补助结转——项目支出结转（××项目）"科目，贷记或借记本科目。

（二）按规定上缴财政补助结余资金或注销财政补助结余额度的，按照实际上缴金额或注销的额度金额，借记本科目，贷记"银行存款"、"零余额账户用款额度"、"财政应返还额度"等科目。取得主管部门归集调入财政补助结余资金或额度的，做相反会计分录。

四、中小学校发生需要调整以前年度财政补助结余的事项，通过本科目核算。

五、本科目期末贷方余额，反映中小学校财政补助结余资金数额。

3401 非财政补助结转

一、本科目核算中小学校除财政补助收支以外的各专项资金收入与其相关支出相抵后剩余滚存的、须按规定用途使用的结转资金。

二、本科目应当按照非财政专项资金的具体项目进行明细核算。

三、非财政补助结转的主要账务处理如下:

(一)期末,将事业收入、上级补助收入、附属单位上缴收入、其他收入本期发生额中的专项资金收入结转至本科目,借记"事业收入"、"上级补助收入"、"附属单位上缴收入"、"其他收入"科目下各专项资金收入明细科目,贷记本科目;将事业支出、其他支出本期发生额中的非财政专项资金支出结转至本科目,借记本科目,贷记"事业支出——非财政专项资金支出"、"其他支出"科目下各专项资金支出明细科目。

(二)年末,完成上述(一)结转后,应当对非财政补助专项结转资金各项目情况进行分析:

1. 尚未使用的专门用于奖助学的社会捐赠余额,借记本科目,贷记"专用基金——奖助学基金"科目。

2. 将已完成项目的项目剩余资金区分以下情况处理:缴回原专项资金拨入单位的,借记本科目(××项目),贷记"银行存款"等科目;留归本单位使用的,借记本科目(××项目),贷记"事业基金"科目。

四、中小学校食堂实行单独核算。年末,将食堂收支净额结转至本科目,借记"其他收入——食堂净收入"科目,贷记本科目(食堂资金结转)。

五、中小学校发生需要调整以前年度非财政补助结转的事项，通过本科目核算。

六、本科目期末贷方余额，反映中小学校非财政补助专项结转资金数额。

3402 事业结余

一、本科目核算中小学校一定期间除财政补助收支、非财政专项资金收支和经营收支以外各项收支相抵后的余额。

二、事业结余的主要账务处理如下：

（一）期末，将事业收入、上级补助收入、附属单位上缴收入、其他收入本期发生额中的非专项资金收入结转至本科目，借记"事业收入"、"上级补助收入"、"附属单位上缴收入"、"其他收入"科目下各非专项资金收入明细科目，贷记本科目；将事业支出、其他支出本期发生额中的非财政、非专项资金支出（其他资金支出），以及上缴上级支出、对附属单位补助支出的本期发生额结转至本科目，借记本科目，贷记"事业支出——其他资金支出"、"其他支出"科目下各非专项资金支出明细科目、"上缴上级支出"、"对附属单位补助支出"科目。

（二）年末，完成上述（一）结转后，将本科目余额结转至"非财政补助结余分配"科目，借记或贷记本科目，贷记或借记"非财政补助结余分配"科目。

三、本科目期末如为贷方余额，反映中小学校自年初至报告期末累计实现的事业结余；如为借方余额，反映中小学校自年初至报告期末累计发生的事业亏损。年末结账后，本科目应无余额。

3403　经营结余△

一、本科目核算非义务教育阶段中小学校一定期间各项经营收支相抵后余额弥补以前年度经营亏损后的余额。

二、经营结余的主要账务处理如下：

（一）期末，将经营收入本期发生额结转至本科目，借记"经营收入"科目，贷记本科目；将经营支出本期发生额结转至本科目，借记本科目，贷记"经营支出"科目。

（二）年末，完成上述（一）结转后，如本科目为贷方余额，将本科目余额结转至"非财政补助结余分配"科目，借记本科目，贷记"非财政补助结余分配"科目；如本科目为借方余额，为经营亏损，不予结转。

三、本科目期末如为贷方余额，反映非义务教育阶段中小学校自年初至报告期末累计实现的经营结余弥补以前年度经营亏损后的经营结余；如为借方余额，反映非义务教育阶段中小学校截至报告期末累计发生的经营亏损。

年末结账后,本科目一般无余额;如为借方余额,反映非义务教育阶段中小学校累计发生的经营亏损。

3404 非财政补助结余分配

一、本科目核算中小学校本年度非财政补助结余分配的情况和结果。

二、非财政补助结余分配的主要账务处理如下:

(一)年末,将"事业结余"科目余额结转至本科目,借记或贷记"事业结余"科目,贷记或借记本科目;将"经营结余"科目贷方余额结转至本科目,借记"经营结余"科目,贷记本科目。

(二)有企业所得税缴纳义务的中小学校计算出应缴纳的企业所得税,借记本科目,贷记"应缴税费——应缴企业所得税"科目。

(三)按照有关规定提取职工福利基金的,按照提取的金额,借记本科目,贷记"专用基金——职工福利基金"科目。

(四)年末,按规定完成上述(一)至(三)处理后,将本科目余额结转至"事业基金"科目,借记或贷记本科目,贷记或借记"事业基金"科目。

三、年末结账后，本科目应无余额。

四、收入类

4001　公共财政预算拨款

一、本科目核算中小学校从同级财政部门取得的、用公共财政预算安排的各类财政拨款。

二、本科目应当设置"基本支出"和"项目支出"两个明细科目；两个明细科目下按照《政府收支分类科目》中"支出功能分类"的相关科目进行明细核算；同时在"基本支出"明细科目下按照"人员经费"和"日常公用经费"进行明细核算，在"项目支出"明细科目下按照具体项目进行明细核算。同时，可以按照教育事业费拨款、教育费附加拨款、其他经费拨款等进行明细核算。

三、公共财政预算拨款的主要账务处理如下：

（一）财政直接支付方式下，对财政直接支付的支出，中小学校根据财政国库支付执行机构委托代理银行转来的财政直接支付入账通知书及原始凭证，按照通知书中的直接支付入账金额，借记有关科目，贷记本科目。

年度终了，根据本年度财政直接支付预算指标数与当年财政直接支付实际支出数的差额,借记"财政应返还额度——财政直接支付"科目,贷记本科目。

(二)财政授权支付方式下,中小学校根据代理银行转来的授权支付到账通知书,按照通知书中的授权支付额度,借记"零余额账户用款额度"科目,贷记本科目。

年度终了,中小学校本年度财政授权支付预算指标数大于零余额账户用款额度下达数的,根据未下达的用款额度,借记"财政应返还额度——财政授权支付"科目,贷记本科目。

(三)其他方式下,实际收到财政补助收入时,按照实际收到的金额,借记"银行存款"等科目,贷记本科目。

(四)因购货退回等发生国库直接支付款项退回的,属于以前年度支付的款项,按照退回金额,借记"财政应返还额度"科目,贷记"财政补助结转"、"财政补助结余"、"存货"等有关科目;属于本年度支付的款项,按照退回金额,借记本科目,贷记"事业支出"、"存货"等有关科目。

(五)期末,将本科目本期发生额结转至"财政补助结转"科目,借记本科目,贷记"财政补助结转"科目。

四、期末结账后，本科目应无余额。

4002　政府性基金预算拨款

一、本科目核算中小学校从同级财政部门取得的、用政府性基金预算安排的各类财政拨款。

二、本科目应当设置"基本支出"和"项目支出"两个明细科目；两个明细科目下按照《政府收支分类科目》中"支出功能分类"的相关科目进行明细核算；同时在"基本支出"明细科目下按照"人员经费"和"日常公用经费"进行明细核算，在"项目支出"明细科目下按照具体项目进行明细核算。同时，可以按照地方教育附加拨款、国有土地出让收入拨款、国有资源使用收入拨款、彩票公益金拨款等进行明细核算。

三、政府性基金预算拨款的主要账务处理如下：

（一）财政直接支付方式下，对财政直接支付的支出，中小学校根据财政国库支付执行机构委托代理银行转来的财政直接支付入账通知书及原始凭证，按照通知书中的直接支付入账金额，借记有关科目，贷记本科目。

年度终了，根据本年度财政直接支付预算指标数与当年财政直接支付实际支出数的差额，借记"财政应返还额度——财政直接支付"科目，贷记本科目。

（二）财政授权支付方式下，中小学校根据代理银行转来的授权支付到账通知书，按照通知书中的授权支付额度，借记"零余额账户用款额度"科目，贷记本科目。

年度终了，中小学校本年度财政授权支付预算指标数大于零余额账户用款额度下达数的，根据未下达的用款额度，借记"财政应返还额度——财政授权支付"科目，贷记本科目。

（三）其他方式下，实际收到地方基金拨款时，按照实际收到的金额，借记"银行存款"等科目，贷记本科目。

（四）因购货退回等发生国库直接支付款项退回的，属于以前年度支付的款项，按照退回金额，借记"财政应返还额度"科目，贷记"财政补助结转"、"财政补助结余"、"存货"等有关科目；属于本年度支付的款项，按照退回金额，借记本科目，贷记"事业支出"、"存货"等有关科目。

（五）期末，将本科目本期发生额结转至"财政补助结转"科目，借记本科目，贷记"财政补助结转"科目。

四、期末结账后，本科目应无余额。

4101 事业收入

一、本科目核算中小学校开展教育教学及其辅助活动依法取得的收入,主要包括行政事业性收费(如纳入行政事业性收费的学费、住宿费、考试报名费、考试考务费等)、科研收入,以及与教育教学活动直接相关的对外服务性收费(如未纳入行政事业性收费的非学历培训费等)等。

二、本科目应当按照事业收入的类别、项目等进行明细核算。事业收入中如有专项资金收入,还应当按照具体项目进行明细核算。

三、事业收入的主要账务处理如下:

(一)采用财政专户返还方式管理的事业收入

1. 收到应上缴财政专户的事业收入时,按照实际收到的金额,借记"银行存款"、"库存现金"等科目,贷记"应缴财政专户款"科目。

2. 向财政专户上缴款项时,按照实际上缴的金额,借记"应缴财政专户款"科目,贷记"银行存款"等科目。

3. 收到从财政专户返还的事业收入时,按照实际收到的返还金额,借记"银行存款"等科目,贷记本科目。

（二）未采用财政专户返还方式管理的事业收入

收到事业收入时，按照实际收到的金额，借记"银行存款"、"库存现金"等科目，贷记本科目。

（三）期末，将本科目本期发生额中的专项资金收入结转至"非财政补助结转"科目，借记本科目下各专项资金收入明细科目，贷记"非财政补助结转"科目；将本科目本期发生额中的非专项资金收入结转至"事业结余"科目，借记本科目下各非专项资金收入明细科目，贷记"事业结余"科目。

四、期末结账后，本科目应无余额。

4201 上级补助收入

一、本科目核算中小学校从主管部门和上级单位取得的非财政补助收入。

二、本科目应当按照发放补助单位、补助项目等进行明细核算。上级补助收入中如有专项资金收入，还应当按照具体项目进行明细核算。

三、上级补助收入的主要账务处理如下：

（一）收到上级补助收入时，按照实际收到的金额，借记"银行存款"等科目，贷记本科目。

（二）期末，将本科目本期发生额中的专项资金收入结转至"非财政补助结转"科目，借记本科目下各专项资金收入明细科目，贷记"非财政补助结转"科目；将本科目本期发生额中的非专项资金收入结转至"事业结余"科目，借记本科目下各非专项资金收入明细科目，贷记"事业结余"科目。

四、期末结账后，本科目应无余额。

4301　附属单位上缴收入

一、本科目核算中小学校附属的独立核算单位按照规定上缴的收入。

二、本科目应当按照附属单位、缴款项目等进行明细核算。附属单位上缴收入中如有专项资金收入，还应当按照具体项目进行明细核算。

三、附属单位上缴收入的主要账务处理如下：

（一）收到附属单位缴来款项时，按照实际收到的金额，借记"银行存款"等科目，贷记本科目。

（二）期末，将本科目本期发生额中的专项资金收入结转至"非财政补助结转"科目，借记本科目下各专项资金收入明细科目，贷记"非财政补助结转"科目；将本科目本期发生额中的非专项资金收入结转至"事业结余"科目，借记本科目下各非专项资金收入明细科目，贷记"事业结余"科目。

四、期末结账后，本科目应无余额。

4401 经营收入△

一、本科目核算非义务教育阶段中小学校在教育教学及其辅助活动之外开展非独立核算经营活动取得的收入，主要包括与教育教学非直接相关的对外服务性收费等。

二、本科目应当按照经营活动类别、项目等进行明细核算。

三、经营收入的主要账务处理如下：

（一）经营收入应当在提供服务或发出存货，同时收讫价款或者取得索取价款的凭据时，按照实际收到或应收的金额确认收入。

实现经营收入时，按照实际出售价款，借记"银行存款"、"应收账款"等科目，按照确定的收入金额，贷记本科目，按照应缴增值税金额，贷记"应缴税费——应缴增值税"科目。

（二）期末，将本科目本期发生额结转至"经营结余"科目，借记本科目，贷记"经营结余"科目。

四、期末结账后，本科目应无余额。

4501 其他收入

一、本科目核算中小学校除财政补助收入、事业收入、上级补助收入、附属单位上缴收入、经营收入以外的各项收入，包括投资收益、银行存款利息收入、租金收入、捐赠收入、现金盘盈收入、存货盘盈收入、收回已核销应收及预付款项、无法偿付的应付及预收款项，以及食堂净收入等。

二、本科目应当按照其他收入的类别等进行明细核算。其他收入中如有专项资金收入（如限定用途的捐赠收入），还应当按照具体项目进行明细核算。

三、其他收入的主要账务处理如下：

（一）投资收益△

1. 对外投资持有期间收到利息、利润等时，按实际收到的金额，借记"银行存款"等科目，贷记本科目（投资收益）。

2. 出售或到期收回国债投资本息，按照实际收到的金额，借记"银行存款"等科目，按照出售或收回国债投资的成本，贷记"短期投资"、"长期投资"科目，按其差额，贷记或借记本科目（投资收益）。

（二）银行存款利息收入、租金收入

收到银行存款利息、资产承租人支付的租金，按照实际收到的金额，借记"银行存款"等科目，贷记本科目。

（三）捐赠收入

1. 接受捐赠现金资产，按照实际收到的金额，借记"银行存款"等科目，贷记本科目。

2. 接受捐赠的存货验收入库，按照确定的成本，借记"存货"科目，按照发生的相关税费、运输费等，贷记"银行存款"等科目，按照其差额，贷记本科目。

接受捐赠固定资产、无形资产等非流动资产，不通过本科目核算。

（四）现金盘盈收入

每日现金账款核对中如发现现金溢余，属于无法查明原因的部分，借记"库存现金"科目，贷记本科目。

（五）存货盘盈收入

盘盈的存货，按照确定的入账价值，借记"存货"科目，贷记本科目。

（六）收回已核销应收及预付款项

已核销应收账款、预付账款、其他应收款在以后期间收回的，按照实际收回的金额，借记"银行存款"等科目，贷记本科目。

（七）无法偿付的应付及预收款项

无法偿付或债权人豁免偿还的应付账款、预收账款、其他应付款及长期应付款，借记"应付账款"、

"其他应付款"、"长期应付款"等科目，贷记本科目。

（八）期末，将本科目本期发生额中的专项资金收入结转至"非财政补助结转"科目，借记本科目下各专项资金收入明细科目，贷记"非财政补助结转"科目；将本科目本期发生额中的非专项资金收入结转至"事业结余"科目，借记本科目下各非专项资金收入明细科目，贷记"事业结余"科目。

四、中小学校食堂实行单独核算。年末，抵销中小学校与本校食堂内部往来后，将食堂收支净额并入本科目，借记"银行存款"等科目，贷记"应付账款"等科目，按照收支相抵后的净额，贷记本科目（食堂净收入）。

年末，经上述并账处理后，将食堂收支净额结转至"非财政补助结转"科目，借记本科目（食堂净收入），贷记"非财政补助结转——食堂资金结转"科目。

五、期末结账后，本科目应无余额。

五、支出类

5001　事业支出

一、本科目核算中小学校开展教育教学及其辅助活动发生的基本支出和项目支出。

二、本科目应当按照"财政补助支出"、"非财政专项资金支出"和"其他资金支出"以及"基本支出"和"项目支出"进行明细核算,并按照《政府收支分类科目》中"支出功能分类"相关科目进行明细核算;"基本支出"和"项目支出"明细科目下应当按照《政府收支分类科目》中"支出经济分类"的款级科目进行明细核算;同时在"项目支出"明细科目下按照具体项目进行明细核算。

三、事业支出的主要账务处理如下:

(一)为从事教育教学及其辅助活动人员计提的薪酬等,借记本科目,贷记"应付职工薪酬"等科目。

(二)开展教育教学及其辅助活动领用的存货,按照领用存货的实际成本,借记本科目,贷记"存货"科目。

(三)开展教育教学及其辅助活动发生的其他各项支出,借记本科目,贷记"库存现金"、"银行存款"、"零余额账户用款额度"等科目。

(四)期末,将本科目(财政补助支出)本期发生额结转入"财政补助结转"科目,借记"财政补助结转——基本支出结转、项目支出结转"科目,贷记本科目(财政补助支出——基本支出、项目支出);将本科目（非财政专项资金支出）本期发生额结转至"非财政补助结转"科目，借记"非财政补助结转"科目，贷记本科目（非财政专项资金支出）；将本科目（其他资金支出）本期发生额结转至"事业结余"科目，借记"事业结余"科目，贷记本科目（其他资金支出）。

四、期末结账后，本科目应无余额。

5101 上缴上级支出

一、本科目核算中小学校按照财政部门和主管部门的规定上缴上级单位的支出。

二、本科目应当按照收缴款项单位、缴款项目等进行明细核算。

三、上缴上级支出的主要账务处理如下：

（一）按规定将款项上缴上级单位的，按照实际上缴的金额，借记本科目，贷记"银行存款"等科目。

（二）期末，将本科目本期发生额结转至"事业结余"科目，借记"事业结余"科目，贷记本科目。

四、期末结账后，本科目应无余额。

5201 对附属单位补助支出△

一、本科目核算非义务教育阶段中小学校用财政补助收入之外的收入对附属单位补助发生的支出。

二、本科目应当按照接受补助单位、补助项目等进行明细核算。

三、对附属单位补助支出的主要账务处理如下：

（一）发生对附属单位补助支出的，按照实际支出的金额，借记本科目，贷记"银行存款"等科目。

（二）期末，将本科目本期发生额结转至"事业结余"科目，借记"事业结余"科目，贷记本科目。

四、期末结账后，本科目应无余额。

5301　经营支出△

一、本科目核算非义务教育阶段中小学校在教育教学及其辅助活动之外开展非独立核算经营活动发生的支出。

二、中小学校开展非独立核算经营活动的，应当正确归集开展经营活动发生的各项费用数；无法直接归集的，应当按照规定的标准或比例合理分摊。

中小学校的经营支出与经营收入应当配比。

三、本科目应当按照经营活动类别、项目等进行明细核算。

四、经营支出的主要账务处理如下：

（一）为在教育教学及其辅助活动之外开展非独立核算经营活动人员计提的薪酬等，借记本科目，贷记

"应付职工薪酬"等科目。

（二）在教育教学及其辅助活动之外开展非独立核算经营活动领用、发出的存货，按领用、发出存货的实际成本，借记本科目，贷记"存货"科目。

（三）在教育教学及其辅助活动之外开展非独立核算经营活动发生的其他各项支出，借记本科目，贷记"库存现金"、"银行存款"、"应缴税费"等科目。

（四）期末，将本科目本期发生额结转至"经营结余"科目，借记"经营结余"科目，贷记本科目。

五、期末结账后，本科目应无余额。

5401 其他支出

一、本科目核算中小学校除事业支出、上缴上级支出、对附属单位补助支出、经营支出以外的各项支出，包括利息支出、捐赠支出、现金盘亏损失、资产处置损失、接受捐赠（调入）非流动资产发生的税费支出等。

二、本科目应当按照其他支出的类别等进行明细核算。其他支出中如有专项资金支出，还应当按照具体项目进行明细核算。

三、其他支出的主要账务处理如下：

（一）利息支出

支付银行借款利息时，借记本科目，贷记"银行存款"科目。

（二）捐赠支出

1. 对外捐赠现金资产，借记本科目，贷记"银行存款"等科目。

2. 对外捐出存货，借记本科目，贷记"待处置资产损溢"科目。

对外捐赠固定资产、无形资产等非流动资产，不通过本科目核算。

（三）现金盘亏损失

每日现金账款核对中如发现现金短缺，属于无法查明原因的部分，报经批准后，借记本科目，贷记"库存现金"科目。

（四）资产处置损失

报经批准核销应收及预付款项、处置存货，借记本科目，贷记"待处置资产损溢"科目。

（五）接受捐赠（调入）非流动资产发生的税费支出

接受捐赠、无偿调入非流动资产发生的相关税费、运输费等，借记本科目，贷记"银行存款"等科目。

以固定资产、无形资产取得长期股权投资，所发生的相关税费记入本科目。具体账务处理参见"长期投资"科目。

（六）期末，将本科目本期发生额中的专项资金支出结转至"非财政补助结转"科目，借记"非财政补助结转"科目，贷记本科目下各专项资金支出明细科目；将本科目本期发生额中的非专项资金支出结转至"事业结余"科目，借记"事业结余"科目，贷记本科目下各非专项资金支出明细科目。

四、期末结账后，本科目应无余额。

第四部分
会计报表格式

编　号	财务报表名称	编制期
会中小学校 01 表	资产负债表	月度、年度
会中小学校 02 表	收入支出表	月度、年度
会中小学校 03 表	财政补助收入支出表	年度
	附注	年度

中小学校会计制度

资产负债表

会中小学校 01 表

编制单位：　　　　　　　　年　　月　　日　　　　　　　　单位：元

资　产	期末余额	年初余额	负债和净资产	期末余额	年初余额
流动资产：			流动负债：		
货币资金			短期借款△		
短期投资△			应缴税费		
财政应返还额度			应缴国库款		
应收账款			应缴财政专户款		
其他应收款			应付职工薪酬		
存货			应付账款		
流动资产合计			其他应付款		
非流动资产：			流动负债合计		
长期投资△			非流动负债：		
固定资产			长期借款△		
在建工程			长期应付款		
无形资产			代管款项		
待处置资产损溢			非流动负债合计		
非流动资产合计			负债合计		
			净资产：		
			事业基金		
			非流动资产基金		
			专用基金		
			财政补助结转		
			财政补助结余		
			非财政补助结转		
			非财政补助结余		
			1. 事业结余		
			2. 经营结余△		
			净资产合计		
资产总计			负债和净资产总计		

说明：带有"△"上标的报表项目为中小学校非义务教育阶段填列的项目，义务教育阶段不填列。兼有义务教育阶段和非义务教育阶段的中小学校可以填列标有"△"的项目，但仅能适用于本校非义务教育阶段的有关业务。

第四部分 会计报表格式

收入支出表（月报）

会中小学校 02 表

编制单位：　　　　　　　　___年___月___　　　　　　　　单位：元

收入			支出			结转结余		
项目	本月数	本年累计数	项目	本月数	本年累计数	项目	本月数	本年累计数
一、财政补助收入 （一）公共财政预算拨款 （二）政府性基金预算拨款			一、事业支出 （财政补助支出）			本期财政补助结转结余		
二、事业收入 三、上级补助收入 四、附属单位上缴收入 五、其他收入			二、事业支出 （非财政补助支出） 三、上缴上级支出 四、对附属单位补助支出△ 五、其他支出			本期事业结转结余		
小计			小计					
六、经营收入△			六、经营支出△			本期经营结余△		
收入总计			支出总计			本期结转结余		

说明：带有"△"上标的报表项目为中小学校非义务教育阶段填列的项目，义务教育阶段不填列。兼有义务教育阶段和非义务教育阶段的中小学校可以填列标有"△"的项目，但仅能适用于本校非义务教育阶段的有关业务。

收入支出表（年报）

会中小学校 02 表

编制单位：　　　　　　　　　年度　　　　　　　　　单位：元

收入			支出			结转结余		
项目	本年数	上年数	项目	本年数	上年数	项目	本年数	上年数
一、财政补助收入 （一）公共财政预算拨款 （二）政府性基金预算拨款			一、事业支出 （财政补助支出）			本年财政补助结转结余 （一）本年财政补助结转 （二）本年财政补助结转		
二、事业收入 三、上级补助收入 四、附属单位上缴收入 五、其他收入 　其中：食堂净收入			二、事业支出 （非财政补助支出） 三、上缴上级支出 四、对附属单位补助支出△ 五、其他支出			本年事业结转结余 （一）本年事业结转 （二）本年事业结余		
小计			小计					
六、经营收入△			六、经营支出△			本年经营结余△		
						以前年度经营亏损		
						弥补以前年度经营亏损后的经营结余△		
收入总计			支出总计			本年结转结余		
						本年非财政补助结余		
						减：应缴企业所得税		
						减：提取专用基金		
						本年转入事业基金		

说明：带有"△"上标的报表项目为中小学校非义务教育阶段填列的项目，义务教育阶段不填列。兼有义务教育阶段和非义务教育阶段的中小学校可以填列标有"△"的项目，但仅能适用于本校非义务教育阶段的有关业务。

第四部分 会计报表格式

财政补助收入支出表

会中小学校 03 表

编制单位： _____年度 单位：元

项　目	本年数	上年数
一、年初财政补助结转结余		—
（一）基本支出结转		—
1. 人员经费		—
2. 日常公用经费		—
（二）项目支出结转		—
××项目		—
（三）项目支出结余		—
二、调整年初财政补助结转结余		
（一）基本支出结转		—
1. 人员经费		—
2. 日常公用经费		—
（二）项目支出结转		—
××项目		—
（三）项目支出结余		—
三、本年归集调入财政补助结转结余		
（一）基本支出结转		
1. 人员经费		
2. 日常公用经费		
（二）项目支出结转		
××项目		
（三）项目支出结余		
四、本年上缴财政补助结转结余		
（一）基本支出结转		
1. 人员经费		
2. 日常公用经费		
（二）项目支出结转		

89

续表

项　目	本年数	上年数
××项目		
（三）项目支出结余		
五、本年财政补助收入		
（一）基本支出		
1. 人员经费		
2. 日常公用经费		
（二）项目支出		
××项目		
六、本年财政补助支出		
（一）基本支出		
1. 人员经费		
2. 日常公用经费		
（二）项目支出		
××项目		
七、年末财政补助结转结余		—
（一）基本支出结转		—
1. 人员经费		—
2. 日常公用经费		—
（二）项目支出结转		—
××项目		—
（三）项目支出结余		—

第五部分
财务报表编制说明

一、资产负债表编制说明

（一）本表反映中小学校在某一特定日期全部资产、负债和净资产的情况。

（二）本表"年初余额"栏内各项数字，应当根据上年年末资产负债表"期末余额"栏内数字填列。如果本年度资产负债表规定的各个项目的名称和内容同上年度不相一致，应对上年年末资产负债表各项目的名称和数字按照本年度的规定进行调整，填入本表"年初余额"栏内。

（三）本表"期末余额"栏各项目的内容和填列方法：

1. 资产类项目

(1)"货币资金"项目,反映中小学校期末库存现金、银行存款和零余额账户用款额度的合计数。本项目应当根据"库存现金"、"银行存款"、"零余额账户用款额度"科目的期末余额合计填列。

(2)"短期投资△"项目,反映非义务教育阶段中小学校期末持有的短期投资成本。本项目应当根据"短期投资"科目的期末余额填列。

(3)"财政应返还额度"项目,反映中小学校期末财政应返还额度的金额。本项目应当根据"财政应返还额度"科目的期末余额填列。

(4)"应收账款"项目,反映中小学校期末尚未收回的应收账款余额。本项目应当根据"应收账款"科目的期末余额填列。

(5)"其他应收款"项目,反映中小学校期末尚未收回的其他应收款余额。本项目应当根据"其他应收款"科目的期末余额填列。

(6)"存货"项目,反映中小学校期末为开展教育教学及其他活动耗用而储存的各种材料、燃料、包装物、低值易耗品及达不到固定资产标准的用具、装具、动植物等的实际成本。本项目应当根据"存货"科目的期末余额填列。

(7)"长期投资△"项目,反映非义务教育阶段中小学校期末持有的长期投资成本。本项目应当根据"长期投资"科目的期末余额填列。

(8)"固定资产"项目,反映中小学校期末各项固定资产的账面余额。本项目应当根据"固定资产"科目的期末余额填列。

(9)"在建工程"项目,反映中小学校期末尚未完工交付使用的在建工程发生的实际成本。本项目应当根据"在建工程"科目的期末余额填列。

(10)"无形资产"项目,反映中小学校期末持有的各项无形资产的账面余额。本项目应当根据"无形资产"科目的期末余额填列。

(11)"待处置资产损溢"项目,反映中小学校期末待处置资产的价值及处置损溢。本项目应当根据"待处置资产损溢"科目的期末借方余额填列;如"待处置资产损溢"科目期末为贷方余额,则以"一"号填列。

2. 负债类项目

(12)"短期借款△"项目,反映非义务教育阶段中小学校借入的期限在1年内(含1年)的各种借款本金。本项目应当根据"短期借款"科目的期末余额填列。

（13）"应缴税费"项目，反映中小学校应缴未缴的各种税费。本项目应当根据"应缴税费"科目的期末贷方余额填列；如"应缴税费"科目期末为借方余额，则以"—"号填列。

（14）"应缴国库款"项目，反映中小学校按规定应缴入国库的款项（应缴税费除外）。本项目应当根据"应缴国库款"科目的期末余额填列。

（15）"应缴财政专户款"项目，反映中小学校按规定应缴入财政专户的款项。本项目应当根据"应缴财政专户款"科目的期末余额填列。

（16）"应付职工薪酬"项目，反映中小学校按有关规定应付给职工及为职工支付的各种薪酬。本项目应当根据"应付职工薪酬"科目的期末余额填列。

（17）"应付账款"项目，反映中小学校期末尚未支付的应付账款的金额。本项目应当根据"应付账款"科目的期末余额填列。

（18）"其他应付款"项目，反映中小学校期末应付未付的其他各项应付及暂收款项。本项目应当根据"其他应付款"科目的期末余额填列。

（19）"长期借款△"项目，反映非义务教育阶段中小学校借入的期限超过1年（不含1年）的各项借款本金。本项目应当根据"长期借款"科目的期末余额填列。

（20）"长期应付款"项目，反映中小学校发生的偿还期限超过1年（不含1年）的各种应付款项。本项目应当根据"长期应付款"科目的期末余额填列。

（21）"代管款项"项目，反映中小学校接受其他单位或个人委托代为管理的各类款项。本项目应当根据"代管款项"科目的期末余额填列。

3. 净资产类项目

（22）"事业基金"项目，反映中小学校期末拥有的非限定用途的净资产。本项目应当根据"事业基金"科目的期末余额填列。

（23）"非流动资产基金"项目，反映中小学校期末非流动资产占用的金额。本项目应当根据"非流动资产基金"科目的期末余额填列。

（24）"专用基金"项目，反映中小学校按规定设置或提取的具有专门用途的净资产。本项目应当根据"专用基金"科目的期末余额填列。

（25）"财政补助结转"项目，反映中小学校滚存的财政补助结转资金。本项目应当根据"财政补助结转"科目的期末余额填列。

（26）"财政补助结余"项目，反映中小学校滚存的财政补助项目支出结余资金。本项目应当根据"财政补助结余"科目的期末余额填列。

（27）"非财政补助结转"项目，反映中小学校滚存的非财政补助专项结转资金。本项目应当根据"非财政补助结转"科目的期末余额填列。

（28）"非财政补助结余"项目，反映中小学校自年初至报告期末累计实现的非财政补助结余弥补以前年度经营亏损后的余额。本项目应当根据"事业结余"、"经营结余"科目的期末余额合计填列；如"事业结余"、"经营结余"科目的期末余额合计为亏损数，则以"一"号填列。在编制年度资产负债表时，本项目金额一般应为"0"；如不为"0"，本项目金额应为"经营结余"科目的期末借方余额（以"一"号填列）。

"事业结余"项目，反映中小学校自年初至报告期末累计实现的事业结余。本项目应当根据"事业结余"科目的期末余额填列；如"事业结余"科目的期末余额为亏损数，则以"一"号填列。在编制年度资产负债表时，本项目金额应为"0"。

"经营结余△"项目，反映非义务教育阶段中小学校自年初至报告期末累计实现的经营结余弥补以前年度经营亏损后的余额。本项目应当根据"经营结余"科目的期末余额填列；如"经营结余"科目的期末余额为亏损数，则以"一"号填列。在编制年度资产负债表时，本项目金额一般应为"0"；如不为"0"，本项目金额应为"经营结余"科目的期末借方余额（以"一"号填列）。

二、收入支出表编制说明

（一）本表反映中小学校在某一会计期间内各项收入、支出和结转结余情况，以及年末非财政补助结余的分配情况。

（二）本表（月报）"本月数"栏反映各项目的本月实际发生数。

本表（月报）"本年累计数"栏反映各项目自年初起至报告期末止的累计实际发生数。

（三）本表（月报）"本月数"栏各项目的内容和填列方法：

1. "财政补助收入"项目，反映中小学校本期从同级财政部门取得的各类财政拨款。本项目应当根据"公共财政预算拨款"和"政府性基金预算拨款"科目本期发生额的合计数填列。

（1）"公共财政预算拨款"项目，反映中小学校从同级财政部门取得的、用公共财政预算安排的各类财政拨款。本项目应当根据"公共财政预算拨款"科目的本期发生额填列。

（2）"政府性基金预算拨款"项目，反映中小学校从同级财政部门取得的、用政府性基金预算安排的各类财政拨款。本项目应当根据"政府性基金预算拨款"科目的本期发生额填列。

2."事业收入"项目，反映中小学校本期开展教育教学及其辅助活动取得的收入。本项目应当根据"事业收入"科目的本期发生额填列。

3."上级补助收入"项目，反映中小学校本期从主管部门和上级单位取得的非财政补助收入。本项目应当根据"上级补助收入"科目的本期发生额填列。

4."附属单位上缴收入"项目，反映中小学校附属独立核算单位本期按照有关规定上缴的收入。本项目应当根据"附属单位上缴收入"科目的本期发生额填列。

5."其他收入"项目，反映中小学校本期除财政补助收入、事业收入、上级补助收入、附属单位上缴收入、经营收入以外的其他收入。本项目应当根据"其他收入"科目的本期发生额填列。

6."经营收入△"项目，反映非义务教育阶段中小学校本期在教育教学及其辅助活动之外开展非独立核算经营活动取得的收入。本项目应当根据"经营收入"科目的本期发生额填列。

7."事业支出（财政补助支出）"项目，反映中小学校本期使用财政补助收入发生的事业支出。本项目应当根据"事业支出"科目下"财政补助支出"明细科目的本期发生额填列。

8."事业支出（非财政补助支出）"项目，反映中小学校本期使用财政补助收入以外的资金发生的事业支出。本项目应当按照"事业支出"科目下"非财政专项资金支出"、"其他资金支出"明细科目的本期发生额合计填列。

9."上缴上级支出"项目，反映中小学校本期按照财政部门和主管部门的规定上缴上级单位的支出。本项目应当根据"上缴上级支出"科目的本期发生额填列。

10."对附属单位补助支出△"项目，反映非义务教育阶段中小学校本期用财政补助收入之外的收入对附属单位补助发生的支出。本项目应当根据"对附属单位补助支出"科目的本期发生额填列。

11."其他支出"项目，反映中小学校本期除事业支出、上缴上级支出、对附属单位补助支出、经营支出以外的其他支出。本项目应当根据"其他支出"科目的本期发生额填列。

12."经营支出△"项目，反映非义务教育阶段中小学校本期在教育教学及其辅助活动之外开展非独立核算经营活动发生的支出。本项目应当根据"经营支出"科目的本期发生额填列。

13."本期财政补助结转结余"项目,反映中小学校本期财政补助收入与财政补助支出相抵后的余额。本项目应当按照本表中"财政补助收入"项目金额减去"事业支出(财政补助支出)"项目金额后的余额填列。

14."本期事业结转结余"项目,反映中小学校本期除财政补助收支、经营收支以外的各项收支相抵后的余额。本项目应当按照本表中"事业收入"、"上级补助收入"、"附属单位上缴收入"、"其他收入"项目金额小计数减去"事业支出(非财政补助支出)"、"上缴上级支出"、"对附属单位补助支出"、"其他支出"项目金额小计数后的余额填列。

15."本期经营结余△"项目,反映非义务教育阶段中小学校本期经营收支相抵后的余额。本项目应当按照本表中"经营收入"项目金额减去"经营支出"项目金额后的余额填列;如为负数,以"－"号填列。

(四)本表(年报)"本年数"栏反映各项目的本年实际发生数。

本表(年报)"上年数"栏反映各项目上年度实际

发生数。

（五）本表（年报）"本年数"栏各项目的内容和填列方法：

1. 收入、支出项目的填列参照本表（月报）"本月数"栏的填列方式。

"其中：食堂净收入"项目，反映中小学校食堂本年收入与支出相抵后的净额。本项目应当根据"其他收入"科目下"食堂净收入"明细科目的本期发生额填列，其金额即中小学校食堂本年收入合计数减去本年支出合计数后的净额；如为负数，以"－"号填列。

2. "本年财政补助结转结余"项目，反映中小学校本年财政补助收入与财政补助支出相抵后的余额。本项目应当按照本表（年报）中"财政补助收入"项目金额减去"事业支出（财政补助支出）"项目金额后的余额填列。

"本年财政补助结余"项目，反映中小学校本年财政补助结余金额。本项目应当按照"财政补助结余"科目本年从"财政补助结转"科目转入的金额填列。

"本年财政补助结转"项目，反映中小学校本年财政补助结转金额。本项目应当按照本表（年报）中"财政补助结转结余"项目金额减去"财政补助结余"项目金额后的余额填列。

3."本年事业结转结余"项目,反映中小学校本年除财政补助收支、经营收支以外的各项收支相抵后的余额。本项目应当按照本表(年报)中"事业收入(非财政补助支出)"、"上级补助收入"、"附属单位上缴收入"、"其他收入"项目金额小计数减去"事业支出"、"上缴上级支出"、"对附属单位补助支出"、"其他支出"项目金额小计数后的余额填列。

"本年事业结余"项目,反映中小学校本年除财政补助收支、非财政专项资金收支和经营收支以外各项收支相抵后的余额。本项目应当根据"事业结余"科目本年贷方发生额中相关非专项资金收入转入金额减去本年借方发生额中相关非专项资金支出转入金额后的余额填列。

"本年事业结转"项目,反映中小学校本年除财政补助收支以外的各项专项资金收入减去各项专项资金支出后的余额。本项目应当按照本表(年报)中"本年事业结转结余"项目金额减去"本年事业结余"项目金额后的余额填列。

4."本年经营结余△"项目,反映非义务教育阶段中小学校本年经营收支相抵后的余额。本项目应当按照本表(年报)中"经营收入"项目金额减去"经营支出"项目金额后的余额填列;如为负数,以"一"

号填列。

"以前年度经营亏损△"项目,反映非义务教育阶段中小学校以前年度尚未弥补的经营亏损。本项目应当按照"经营结余"科目年初借方余额,以"一"号填列。

"弥补以前年度经营亏损后的经营结余△"项目,反映非义务教育阶段中小学校本年实现的经营结余扣除本年初未弥补经营亏损后的余额。本项目应当根据"经营结余"科目本年末转入"非财政补助结余分配"科目前的余额填列;如本年末余额为借方余额,以"一"号填列。本项目金额也等于本表(年报)中"本年经营结余"、"以前年度经营亏损(一)"项目金额的合计数。

5. "本年结转结余"项目,反映中小学校本年收入总额减去支出总额后的净额。本项目应当按照本表(年报)中"收入总计"项目金额减去"支出总计"项目金额后的金额填列。本项目金额也等于本表(年报)中"本年财政补助结转结余"、"本年事业结转结余"、"本年经营结余"项目金额的合计数。

"本年非财政补助结余"项目,反映中小学校本年除财政补助之外的其他结余金额。本表(年报)中"弥补以前年度经营亏损后的经营结余"项目为正数的，本项目应当按照本表（年报）中"本年事业结余"、"弥补以前年度经营亏损后的经营结余"项目金额的合计数填列；如为负数，以"一"号填列。本表（年报）中"弥补以前年度经营亏损后的经营结余"项目为负数的，本项目应当按照本表（年报）中"本年事业结余"项目金额填列；如为负数，以"一"号填列。

"应缴企业所得税"项目，反映中小学校按照税法规定应缴纳的企业所得税金额。本项目应当根据"非财政补助结余分配"科目的本年发生额分析填列。

"提取专用基金"项目，反映中小学校本年按规定提取的专用基金金额。本项目应当根据"非财政补助结余分配"科目的本年发生额分析填列。

"本年转入事业基金"项目，反映中小学校本年按规定转入事业基金的非财政补助结余资金。本项目应当按照本表（年报）中"本年非财政补助结余"项目金额减去"应缴企业所得税"、"提取专用基金"项目金额后的余额填列；如为负数，以"一"号填列。

三、财政补助收入支出表编制说明

（一）本表反映中小学校某一会计年度财政补助收入、支出、结转及结余情况。

(二) 本表"上年数"栏内各项数字，应当根据上年度财政补助收入支出表中"本年数"栏内数字填列。

(三) 本表"本年数"栏各项目的内容和填列方法：

1. "年初财政补助结转结余"项目及其所属各明细项目，反映中小学校本年初财政补助结转和结余余额。各项目应当根据上年度"财政补助收入支出表"中"年末财政补助结转结余"项目及其所属各明细项目"本年数"栏的数字填列。

2. "调整年初财政补助结转结余"项目及其所属各明细项目，反映中小学校因本年发生需要调整以前年度财政补助结转结余的事项，而对年初财政补助结转结余的调整金额。各项目应当根据"财政补助结转"、"财政补助结余"科目及其所属明细科目的本年发生额分析填列。如调整减少年初财政补助结转结余，以"一"号填列。

3. "本年归集调入财政补助结转结余"项目及其所属各明细项目，反映中小学校本年度取得主管部门归集调入的财政补助结转结余资金或额度金额。各项目应当根据"财政补助结转"、"财政补助结余"科目及其所属明细科目的本年发生额分析填列。

4. "本年上缴财政补助结转结余"项目及其所属

各明细项目,反映中小学校本年度按规定实际上缴的财政补助结转结余资金或额度金额。各项目应当根据"财政补助结转"、"财政补助结余"科目及其所属明细科目的本年发生额分析填列。

5."本年财政补助收入"项目及其所属各明细项目,反映中小学校本年度从同级财政部门取得的各类财政拨款金额。各项目应当根据"公共财政预算拨款"、"政府性基金预算拨款"科目及其所属明细科目的本年发生额填列。

6."本年财政补助支出"项目及其所属各明细项目,反映中小学校本年度发生的财政补助支出金额。各项目应当根据"事业支出"科目下"财政补助支出"明细科目本年发生额填列。

7."年末财政补助结转结余"项目及其所属各明细项目,反映中小学校截至本年末的财政补助结转和结余余额。各项目应当根据"财政补助结转"、"财政补助结余"科目及其所属明细科目的年末余额填列。

五、附注

中小学校的会计报表附注至少应当披露下列内容:

(一)遵循《事业单位会计准则》、《中小学校会计制度》的声明。

（二）学校整体财务状况、业务活动情况的说明。

（三）会计报表中列示的重要项目的进一步说明，包括其主要构成、增减变动情况等。

学校学生、教职工、离退休人员及固定资产基本情况的披露格式参见中小学校基本数字表。事业支出基本情况的披露格式参见中小学校事业支出明细表。

（四）重要资产处置情况的说明。

（五）（非义务教育阶段中小学校）重大投资、借款及经营活动的说明。

（六）以前年度结转结余调整情况的说明。

（七）本校食堂单独核算的会计报表。

（八）有助于理解和分析会计报表需要说明的其他事项。

中小学校基本数字表

编制单位：_____　　　　　_____年度　　　　　单位：元

项目	年初数	期末数	项目	年初数	期末数
一、学生基本情况			四、固定资产总值（千元）		
（一）班级数（个）			（一）房屋及构筑物		
（二）在校学生数（人）			（二）专用设备		
其中：1. 幼儿			（三）通用设备		
2. 小学学生			（四）文物和陈列品		
3. 初中学生			（五）图书、档案		
4. 高中学生			其中：1. 一般图书（千元、册）		
5. 中职学生			2. 电子图书（千元、册）		
6. 特殊教育学生			（六）家具、用具、装具及动植物		
7. 其他					
（三）寄宿生（人）					
二、教职工基本情况（人）					
（一）编制教职工					
其中：专任教师					
（二）聘任制教职工					
其中：专任教师					
（三）兼任教师					
（四）其他					
三、离退休人员（人）					
（一）离休人员					
（二）退休人员					
补充资料			1. 校园占地面积　　　　　　平方米		
			2. 车辆数　　　　　辆，其中：小汽车　　　　辆		
			3. 年末校舍面积　　　　　平方米，其中：危房面积　　　平方米		
			4. 本年新建改扩建校舍　　　平方米，金额　　　　　千元		
			5. 本年购置学生课桌椅　　　单人套，金额　　　　　千元		
			6. 本年购置教学仪器设备　　台、件，金额　　　　　千元		
			7. 本年购置图书资料　　　册，　　金额　　　　　千元		
			其中：(1) 一般图书　　　册，　　金额　　　　　千元		
			(2) 电子图书　　　册，　　金额　　　　　千元		

第五部分 财务报表编制说明

中小学校事业支出明细表

编制单位： ＿＿＿＿年度　　　　　　　　　　单位：元

项 目	财政补助支出			非财政补助支出			事业支出		
	小计	基本支出	项目支出	小计	基本支出	项目支出	合计	基本支出	项目支出
一、工资福利支出									
1. 基本工资									
2. 津贴补贴									
3. 奖金									
4. 社会保障缴费									
5. 伙食补助费									
6. 绩效工资									
7. 其他工资福利支出									
二、商品和服务支出									
1. 办公费									
2. 印刷费									
3. 咨询费									
4. 手续费									
5. 水费									
6. 电费									
7. 邮电费									
8. 取暖费									
9. 学校安保费用									
10. 校园保洁费用									
11. 校园绿化费用									
12. 其他物业费用									
13. 差旅费									
14. 出国考察费用									
15. 教师出国培训费用									
16. 维修（护）费									

续表

项 目	财政补助支出			非财政补助支出			事业支出		
	小计	基本支出	项目支出	小计	基本支出	项目支出	合计	基本支出	项目支出
17. 租赁费									
18. 会议费									
19. 教师培训费用									
20. 其他培训费用									
21. 公务接待费									
22. 实验耗材费用									
23. 体育耗材费用									
24. 其他材料费用									
25. 劳务费									
26. 委托业务费									
27. 工会经费									
28. 福利费									
29. 公务用车运行维护费									
30. 其他交通费用									
31. 学生活动费用									
32. 学校财产、责任保险费用									
33. 其他商品和服务支出									
三、对个人和家庭补助支出									
1. 离休费									
2. 退休费									
3. 退职费									
4. 抚恤金									
5. 生活补助									
6. 医疗费									
7. 助学金费用									
8. 学生营养餐补助费用									

第五部分 财务报表编制说明

续表

项　目	财政补助支出			非财政补助支出			事业支出		
	小计	基本支出	项目支出	小计	基本支出	项目支出	合计	基本支出	项目支出
9. 奖励金									
10. 住房公积金									
11. 提租补贴									
12. 购房补贴									
13. 其他对个人和家庭补助支出									
四、资本性支出									
1. 房屋建筑物购建									
2. 办公设备购置									
3. 专用设备购置									
4. 大型修缮									
5. 信息网络及软件购置更新									
6. 其他资本性支出									
合　计									

附录

相关法规及规范性文件

中华人民共和国会计法

1999年10月31日　中华人民共和国主席令第24号

（1985年1月21日第六届全国人民代表大会常务委员会第九次会议通过，根据1993年12月29日第八届全国人民代表大会常务委员会第五次会议《关于修改〈中华人民共和国会计法〉的决定》修正　1999年10月31日第九届全国人民代表大会常务委员会第十二次会议修订）

第一章　总　　则

第一条　为了规范会计行为，保证会计资料真实、完整，加强经济管理和财务管理，提高经济效益，维护社会主义市场经济秩序，制定本法。

第二条　国家机关、社会团体、公司、企业、事业单位和其他组织（以下统称单位）必须依照本法办理会计事务。

第三条　各单位必须依法设置会计账簿，并保证其真实、完整。

第四条　单位负责人对本单位的会计工作和会计资料的真

实性、完整性负责。

第五条 会计机构、会计人员依照本法规定进行会计核算，实行会计监督。

任何单位或者个人不得以任何方式授意、指使、强令会计机构、会计人员伪造、变造会计凭证、会计账簿和其他会计资料，提供虚假财务会计报告。

任何单位或者个人不得对依法履行职责、抵制违反本法规定行为的会计人员实行打击报复。

第六条 对认真执行本法，忠于职守，坚持原则，作出显著成绩的会计人员，给予精神的或者物质的奖励。

第七条 国务院财政部门主管全国的会计工作。

县级以上地方各级人民政府财政部门管理本行政区域内的会计工作。

第八条 国家实行统一的会计制度。国家统一的会计制度由国务院财政部门根据本法制定并公布。

国务院有关部门可以依照本法和国家统一的会计制度制定对会计核算和会计监督有特殊要求的行业实施国家统一的会计制度的具体办法或者补充规定，报国务院财政部门审核批准。

中国人民解放军总后勤部可以依照本法和国家统一的会计制度制定军队实施国家统一的会计制度的具体办法，报国务院财政部门备案。

第二章 会 计 核 算

第九条 各单位必须根据实际发生的经济业务事项进行会

计核算，填制会计凭证，登记会计账簿，编制财务会计报告。

任何单位不得以虚假的经济业务事项或者资料进行会计核算。

第十条 下列经济业务事项，应当办理会计手续，进行会计核算：

（一）款项和有价证券的收付；

（二）财物的收发、增减和使用；

（三）债权债务的发生和结算；

（四）资本、基金的增减；

（五）收入、支出、费用、成本的计算；

（六）财务成果的计算和处理；

（七）需要办理会计手续、进行会计核算的其他事项。

第十一条 会计年度自公历1月1日起至12月31日止。

第十二条 会计核算以人民币为记账本位币。

业务收支以人民币以外的货币为主的单位，可以选定其中一种货币作为记账本位币，但是编报的财务会计报告应当折算为人民币。

第十三条 会计凭证、会计账簿、财务会计报告和其他会计资料，必须符合国家统一的会计制度的规定。

使用电子计算机进行会计核算的，其软件及其生成的会计凭证、会计账簿、财务会计报告和其他会计资料，也必须符合国家统一的会计制度的规定。

任何单位和个人不得伪造、变造会计凭证、会计账簿及其他会计资料，不得提供虚假的财务会计报告。

第十四条 会计凭证包括原始凭证和记账凭证。

办理本法第十条所列的经济业务事项,必须填制或者取得原始凭证并及时送交会计机构。

会计机构、会计人员必须按照国家统一的会计制度的规定对原始凭证进行审核,对不真实、不合法的原始凭证有权不予接受,并向单位负责人报告;对记载不准确、不完整的原始凭证予以退回,并要求按照国家统一的会计制度的规定更正、补充。

原始凭证记载的各项内容均不得涂改;原始凭证有错误的,应当由出具单位重开或者更正,更正处应当加盖出具单位印章。原始凭证金额有错误的,应当由出具单位重开,不得在原始凭证上更正。

记账凭证应当根据经过审核的原始凭证及有关资料编制。

第十五条 会计账簿登记,必须以经过审核的会计凭证为依据,并符合有关法律、行政法规和国家统一的会计制度的规定。会计账簿包括总账、明细账、日记账和其他辅助性账簿。

会计账簿应当按照连续编号的页码顺序登记。会计账簿记录发生错误或者隔页、缺号、跳行的,应当按照国家统一的会计制度规定的方法更正,并由会计人员和会计机构负责人(会计主管人员)在更正处盖章。

使用电子计算机进行会计核算的,其会计账簿的登记、更正,应当符合国家统一的会计制度的规定。

第十六条 各单位发生的各项经济业务事项应当在依法设置的会计账簿上统一登记、核算,不得违反本法和国家统一的会计制度的规定私设会计账簿登记、核算。

第十七条　各单位应当定期将会计账簿记录与实物、款项及有关资料相互核对，保证会计账簿记录与实物及款项的实有数额相符、会计账簿记录与会计凭证的有关内容相符、会计账簿之间相对应的记录相符、会计账簿记录与会计报表的有关内容相符。

第十八条　各单位采用的会计处理方法，前后各期应当一致，不得随意变更；确有必要变更的，应当按照国家统一的会计制度的规定变更，并将变更的原因、情况及影响在财务会计报告中说明。

第十九条　单位提供的担保、未决诉讼等或有事项，应当按照国家统一的会计制度的规定，在财务会计报告中予以说明。

第二十条　财务会计报告应当根据经过审核的会计账簿记录和有关资料编制，并符合本法和国家统一的会计制度关于财务会计报告的编制要求、提供对象和提供期限的规定；其他法律、行政法规另有规定的，从其规定。

财务会计报告由会计报表、会计报表附注和财务情况说明书组成。向不同的会计资料使用者提供的财务会计报告，其编制依据应当一致。有关法律、行政法规规定会计报表、会计报表附注和财务情况说明书须经注册会计师审计的，注册会计师及其所在的会计师事务所出具的审计报告应当随同财务会计报告一并提供。

第二十一条　财务会计报告应当由单位负责人和主管会计

工作的负责人、会计机构负责人（会计主管人员）签名并盖章；设置总会计师的单位，还须由总会计师签名并盖章。

单位负责人应当保证财务会计报告真实、完整。

第二十二条 会计记录的文字应当使用中文。在民族自治地方，会计记录可以同时使用当地通用的一种民族文字。在中华人民共和国境内的外商投资企业、外国企业和其他外国组织的会计记录可以同时使用一种外国文字。

第二十三条 各单位对会计凭证、会计账簿、财务会计报告和其他会计资料应当建立档案，妥善保管。会计档案的保管期限和销毁办法，由国务院财政部门会同有关部门制定。

第三章 公司、企业会计核算的特别规定

第二十四条 公司、企业进行会计核算，除应当遵守本法第二章的规定外，还应当遵守本章规定。

第二十五条 公司、企业必须根据实际发生的经济业务事项，按照国家统一的会计制度的规定确认、计量和记录资产、负债、所有者权益、收入、费用、成本和利润。

第二十六条 公司、企业进行会计核算不得有下列行为：

（一）随意改变资产、负债、所有者权益的确认标准或者计量方法，虚列、多列、不列或者少列资产、负债、所有者权益；

（二）虚列或者隐瞒收入，推迟或者提前确认收入；

(三)随意改变费用、成本的确认标准或者计量方法,虚列、多列、不列或者少列费用、成本;

(四)随意调整利润的计算、分配方法,编造虚假利润或者隐瞒利润;

(五)违反国家统一的会计制度规定的其他行为。

第四章 会 计 监 督

第二十七条 各单位应当建立、健全本单位内部会计监督制度。单位内部会计监督制度应当符合下列要求:

(一)记账人员与经济业务事项和会计事项的审批人员、经办人员、财物保管人员的职责权限应当明确,并相互分离、相互制约;

(二)重大对外投资、资产处置、资金调度和其他重要经济业务事项的决策和执行的相互监督、相互制约程序应当明确;

(三)财产清查的范围、期限和组织程序应当明确;

(四)对会计资料定期进行内部审计的办法和程序应当明确。

第二十八条 单位负责人应当保证会计机构、会计人员依法履行职责,不得授意、指使、强令会计机构、会计人员违法办理会计事项。

会计机构、会计人员对违反本法和国家统一的会计制度规定的会计事项，有权拒绝办理或者按照职权予以纠正。

第二十九条 会计机构、会计人员发现会计账簿记录与实物、款项及有关资料不相符的，按照国家统一的会计制度的规定有权自行处理的，应当及时处理；无权处理的，应当立即向单位负责人报告，请求查明原因，作出处理。

第三十条 任何单位和个人对违反本法和国家统一的会计制度规定的行为，有权检举。收到检举的部门有权处理的，应当依法按照职责分工及时处理；无权处理的，应当及时移送有权处理的部门处理。收到检举的部门、负责处理的部门应当为检举人保密，不得将检举人姓名和检举材料转给被检举单位和被检举人个人。

第三十一条 有关法律、行政法规规定，须经注册会计师进行审计的单位，应当向受委托的会计师事务所如实提供会计凭证、会计账簿、财务会计报告和其他会计资料以及有关情况。

任何单位或者个人不得以任何方式要求或者示意注册会计师及其所在的会计师事务所出具不实或者不当的审计报告。

财政部门有权对会计师事务所出具审计报告的程序和内容进行监督。

第三十二条 财政部门对各单位的下列情况实施监督：

（一）是否依法设置会计账簿；

（二）会计凭证、会计账簿、财务会计报告和其他会计资料是否真实、完整；

（三）会计核算是否符合本法和国家统一的会计制度的

规定；

（四）从事会计工作的人员是否具备从业资格。

在对前款第（二）项所列事项实施监督，发现重大违法嫌疑时，国务院财政部门及其派出机构可以向与被监督单位有经济业务往来的单位和被监督单位开立账户的金融机构查询有关情况，有关单位和金融机构应当给予支持。

第三十三条　财政、审计、税务、人民银行、证券监管、保险监管等部门应当依照有关法律、行政法规规定的职责，对有关单位的会计资料实施监督检查。

前款所列监督检查部门对有关单位的会计资料依法实施监督检查后，应当出具检查结论。有关监督检查部门已经作出的检查结论能够满足其他监督检查部门履行本部门职责需要的，其他监督检查部门应当加以利用，避免重复查账。

第三十四条　依法对有关单位的会计资料实施监督检查的部门及其工作人员对在监督检查中知悉的国家秘密和商业秘密负有保密义务。

第三十五条　各单位必须依照有关法律、行政法规的规定，接受有关监督检查部门依法实施的监督检查，如实提供会计凭证、会计账簿、财务会计报告和其他会计资料以及有关情况，不得拒绝、隐匿、谎报。

第五章　会计机构和会计人员

第三十六条　各单位应当根据会计业务的需要，设置会计机构，或者在有关机构中设置会计人员并指定会计主管人员；不具备设置条件的，应当委托经批准设立从事会计代理记账业务的中介机构代理记账。

国有的和国有资产占控股地位或者主导地位的大、中型企业必须设置总会计师。总会计师的任职资格、任免程序、职责权限由国务院规定。

第三十七条 会计机构内部应当建立稽核制度。

出纳人员不得兼任稽核、会计档案保管和收入、支出、费用、债权债务账目的登记工作。

第三十八条 从事会计工作的人员，必须取得会计从业资格证书。

担任单位会计机构负责人（会计主管人员）的，除取得会计从业资格证书外，还应当具备会计师以上专业技术职务资格或者从事会计工作三年以上经历。

会计人员从业资格管理办法由国务院财政部门规定。

第三十九条 会计人员应当遵守职业道德，提高业务素质。对会计人员的教育和培训工作应当加强。

第四十条 因有提供虚假财务会计报告，做假账，隐匿或者故意销毁会计凭证、会计账簿、财务会计报告，贪污，挪用公款，职务侵占等与会计职务有关的违法行为被依法追究刑事责任的人员，不得取得或者重新取得会计从业资格证书。

除前款规定的人员外，因违法违纪行为被吊销会计从业资格证书的人员，自被吊销会计从业资格证书之日起五年内，不得重新取得会计从业资格证书。

第四十一条 会计人员调动工作或者离职，必须与接管人员办清交接手续。

一般会计人员办理交接手续，由会计机构负责人（会计主管人员）监交；会计机构负责人（会计主管人员）办理交接手续，由单位负责人监交，必要时主管单位可以派人会同监交。

第六章 法律责任

第四十二条 违反本法规定，有下列行为之一的，由县级以上人民政府财政部门责令限期改正，可以对单位并处三千元以上五万元以下的罚款；对其直接负责的主管人员和其他直接责任人员，可以处二千元以上二万元以下的罚款；属于国家工作人员的，还应当由其所在单位或者有关单位依法给予行政处分：

（一）不依法设置会计账簿的；

（二）私设会计账簿的；

（三）未按照规定填制、取得原始凭证或者填制、取得的原始凭证不符合规定的；

（四）以未经审核的会计凭证为依据登记会计账簿或者登记会计账簿不符合规定的；

（五）随意变更会计处理方法的；

（六）向不同的会计资料使用者提供的财务会计报告编制依据不一致的；

（七）未按照规定使用会计记录文字或者记账本位币的；

（八）未按照规定保管会计资料，致使会计资料毁损、灭失的；

（九）未按照规定建立并实施单位内部会计监督制度或者拒绝依法实施的监督或者不如实提供有关会计资料及有关情况的；

（十）任用会计人员不符合本法规定的。

有前款所列行为之一，构成犯罪的，依法追究刑事责任。

会计人员有第一款所列行为之一，情节严重的，由县级以上人民政府财政部门吊销会计从业资格证书。

有关法律对第一款所列行为的处罚另有规定的，依照有关法律的规定办理。

第四十三条 伪造、变造会计凭证、会计账簿，编制虚假财务会计报告，构成犯罪的，依法追究刑事责任。

有前款行为，尚不构成犯罪的，由县级以上人民政府财政部门予以通报，可以对单位并处五千元以上十万元以下的罚款；对其直接负责的主管人员和其他直接责任人员，可以处三千元以上五万元以下的罚款；属于国家工作人员的，还应当由其所在单位或者有关单位依法给予撤职直至开除的行政处分；对其中的会计人员，并由县级以上人民政府财政部门吊销会计从业资格证书。

第四十四条 隐匿或者故意销毁依法应当保存的会计凭证、会计账簿、财务会计报告，构成犯罪的，依法追究刑事责任。

有前款行为，尚不构成犯罪的，由县级以上人民政府财政部门予以通报，可以对单位并处五千元以上十万元以下的罚款；对其直接负责的主管人员和其他直接责任人员，可以处三千元以上五万元以下的罚款；属于国家工作人员的，还应当由其所在单位或者有关单位依法给予撤职直至开除的行政处分；对其中的会计人员，并由县级以上人民政府财政部门吊销会计从业资格证书。

第四十五条　授意、指使、强令会计机构、会计人员及其他人员伪造、变造会计凭证、会计账簿，编制虚假财务会计报告或者隐匿、故意销毁依法应当保存的会计凭证、会计账簿、财务会计报告，构成犯罪的，依法追究刑事责任；尚不构成犯罪的，可以处五千元以上五万元以下的罚款；属于国家工作人员的，还应当由其所在单位或者有关单位依法给予降级、撤职、开除的行政处分。

第四十六条　单位负责人对依法履行职责、抵制违反本法规定行为的会计人员以降级、撤职、调离工作岗位、解聘或者开除等方式实行打击报复，构成犯罪的，依法追究刑事责任；尚不构成犯罪的，由其所在单位或者有关单位依法给予行政处分。对受打击报复的会计人员，应当恢复其名誉和原有职务、级别。

第四十七条　财政部门及有关行政部门的工作人员在实施监督管理中滥用职权、玩忽职守、徇私舞弊或者泄露国家秘密、商业秘密，构成犯罪的，依法追究刑事责任；尚不构成犯罪的，依法给予行政处分。

第四十八条 违反本法第三十条规定,将检举人姓名和检举材料转给被检举单位和被检举人个人的,由所在单位或者有关单位依法给予行政处分。

第四十九条 违反本法规定,同时违反其他法律规定的,由有关部门在各自职权范围内依法进行处罚。

第七章 附 则

第五十条 本法下列用语的含义:

单位负责人,是指单位法定代表人或者法律、行政法规规定代表单位行使职权的主要负责人。

国家统一的会计制度,是指国务院财政部门根据本法制定的关于会计核算、会计监督、会计机构和会计人员以及会计工作管理的制度。

第五十一条 个体工商户会计管理的具体办法,由国务院财政部门根据本法的原则另行规定。

第五十二条 本法自2000年7月1日起施行。

事业单位会计准则

2012 年 12 月 6 日　中华人民共和国财政部令第 72 号

第一章　总　　则

第一条　为了规范事业单位的会计核算，保证会计信息质量，促进公益事业健康发展，根据《中华人民共和国会计法》等有关法律、行政法规，制定本准则。

第二条　本准则适用于各级各类事业单位。

第三条　事业单位会计制度、行业事业单位会计制度（以下统称会计制度）等，由财政部根据本准则制定。

第四条　事业单位会计核算的目标是向会计信息使用者提供与事业单位财务状况、事业成果、预算执行等有关的会计信息，反映事业单位受托责任的履行情况，有助于会计信息使用者进行社会管理、作出经济决策。

事业单位会计信息使用者包括政府及其有关部门、举办

（上级）单位、债权人、事业单位自身和其他利益相关者。

第五条　事业单位应当对其自身发生的经济业务或者事项进行会计核算。

第六条　事业单位会计核算应当以事业单位各项业务活动持续正常地进行为前提。

第七条　事业单位应当划分会计期间，分期结算账目和编制财务会计报告（又称财务报告，下同）。

会计期间至少分为年度和月度。会计年度、月度等会计期间的起讫日期采用公历日期。

第八条　事业单位会计核算应当以人民币作为记账本位币。发生外币业务时，应当将有关外币金额折算为人民币金额计量。

第九条　事业单位会计核算一般采用收付实现制；部分经济业务或者事项采用权责发生制核算的，由财政部在会计制度中具体规定。

行业事业单位的会计核算采用权责发生制的，由财政部在相关会计制度中规定。

第十条　事业单位会计要素包括资产、负债、净资产、收入、支出或者费用。

第十一条　事业单位应当采用借贷记账法记账。

第二章　会计信息质量要求

第十二条　事业单位应当以实际发生的经济业务或者事项

为依据进行会计核算,如实反映各项会计要素的情况和结果,保证会计信息真实可靠。

第十三条 事业单位应当将发生的各项经济业务或者事项统一纳入会计核算,确保会计信息能够全面反映事业单位的财务状况、事业成果、预算执行等情况。

第十四条 事业单位对于已经发生的经济业务或者事项,应当及时进行会计核算,不得提前或者延后。

第十五条 事业单位提供的会计信息应当具有可比性。

同一事业单位不同时期发生的相同或者相似的经济业务或者事项,应当采用一致的会计政策,不得随意变更。确需变更的,应当将变更的内容、理由和对单位财务状况及事业成果的影响在附注中予以说明。

同类事业单位中不同单位发生的相同或者相似的经济业务或者事项,应当采用统一的会计政策,确保同类单位会计信息口径一致,相互可比。

第十六条 事业单位提供的会计信息应当与事业单位受托责任履行情况的反映、会计信息使用者的管理、决策需要相关,有助于会计信息使用者对事业单位过去、现在或者未来的情况作出评价或者预测。

第十七条 事业单位提供的会计信息应当清晰明了,便于会计信息使用者理解和使用。

第三章 资 产

第十八条 资产是指事业单位占有或者使用的能以货币计

量的经济资源，包括各种财产、债权和其他权利。

第十九条 事业单位的资产按照流动性，分为流动资产和非流动资产。

流动资产是指预计在1年内（含1年）变现或者耗用的资产。

非流动资产是指流动资产以外的资产。

第二十条 事业单位的流动资产包括货币资金、短期投资、应收及预付款项、存货等。

货币资金包括库存现金、银行存款、零余额账户用款额度等。

短期投资是指事业单位依法取得的，持有时间不超过1年（含1年）的投资。

应收及预付款项是指事业单位在开展业务活动中形成的各项债权，包括财政应返还额度、应收票据、应收账款、其他应收款等应收款项和预付账款。

存货是指事业单位在开展业务活动及其他活动中为耗用而储存的资产，包括材料、燃料、包装物和低值易耗品等。

第二十一条 事业单位的非流动资产包括长期投资、在建工程、固定资产、无形资产等。

长期投资是指事业单位依法取得的，持有时间超过1年（不含1年）的各种股权和债权性质的投资。

在建工程是指事业单位已经发生必要支出，但尚未完工交付使用的各种建筑（包括新建、改建、扩建、修缮等）和设备安装工程。

固定资产是指事业单位持有的使用期限超过1年（不含1年），单位价值在规定标准以上，并在使用过程中基本保持原有物质形态的资产，包括房屋及构筑物、专用设备、通用设备等。单位价值虽未达到规定标准，但是耐用时间超过1年（不含1年）的大批同类物资，应当作为固定资产核算。

无形资产是指事业单位持有的没有实物形态的可辨认非货币性资产，包括专利权、商标权、著作权、土地使用权、非专利技术等。

第二十二条　事业单位的资产应当按照取得时的实际成本进行计量。除国家另有规定外，事业单位不得自行调整其账面价值。

应收及预付款项应当按照实际发生额计量。

以支付对价方式取得的资产，应当按照取得资产时支付的现金或者现金等价物的金额，或者按照取得资产时所付出的非货币性资产的评估价值等金额计量。

取得资产时没有支付对价的，其计量金额应当按照有关凭据注明的金额加上相关税费、运输费等确定；没有相关凭据的，其计量金额比照同类或类似资产的市场价格加上相关税费、运输费等确定；没有相关凭据、同类或类似资产的市场价格也无法可靠取得的，所取得的资产应当按照名义金额入账。

第二十三条　事业单位对固定资产计提折旧、对无形资产进行摊销的，由财政部在相关财务会计制度中规定。

第四章 负　　债

第二十四条 负债是指事业单位所承担的能以货币计量，需要以资产或者劳务偿还的债务。

第二十五条 事业单位的负债按照流动性，分为流动负债和非流动负债。

流动负债是指预计在1年内（含1年）偿还的负债。

非流动负债是指流动负债以外的负债。

第二十六条 事业单位的流动负债包括短期借款、应付及预收款项、应付职工薪酬、应缴款项等。

短期借款是指事业单位借入的期限在1年内（含1年）的各种借款。

应付及预收款项是指事业单位在开展业务活动中发生的各项债务，包括应付票据、应付账款、其他应付款等应付款项和预收账款。

应付职工薪酬是指事业单位应付未付的职工工资、津贴补贴等。

应缴款项是指事业单位应缴未缴的各种款项，包括应当上缴国库或者财政专户的款项、应缴税费，以及其他按照国家有关规定应当上缴的款项。

第二十七条 事业单位的非流动负债包括长期借款、长期应付款等。

长期借款是指事业单位借入的期限超过1年（不含1年）的各种借款。

长期应付款是指事业单位发生的偿还期限超过1年（不含1年）的应付款项，主要指事业单位融资租入固定资产发生的应付租赁款。

第二十八条 事业单位的负债应当按照合同金额或实际发生额进行计量。

第五章 净 资 产

第二十九条 净资产是指事业单位资产扣除负债后的余额。

第三十条 事业单位的净资产包括事业基金、非流动资产基金、专用基金、财政补助结转结余、非财政补助结转结余等。

事业基金是指事业单位拥有的非限定用途的净资产，其来源主要为非财政补助结余扣除结余分配后滚存的金额。

非流动资产基金是指事业单位非流动资产占用的金额。

专用基金是指事业单位按规定提取或者设置的具有专门用途的净资产。

财政补助结转结余是指事业单位各项财政补助收入与其相关支出相抵后剩余滚存的、须按规定管理和使用的结转和结余资金。

非财政补助结转结余是指事业单位除财政补助收支以外的各项收入与各项支出相抵后的余额。其中，非财政补助结转是指事业单位除财政补助收支以外的各专项资金收入与其相关支出相抵后剩余滚存的、须按规定用途使用的结转资金；非财政补助结余是指事业单位除财政补助收支以外的各非专项资金收入与各非专项资金支出相抵后的余额。

第三十一条 事业基金、非流动资产基金、专用基金、财政补助结转结余、非财政补助结转结余等净资产项目应当分项列入资产负债表。

第六章 收 入

第三十二条 收入是指事业单位开展业务及其他活动依法取得的非偿还性资金。

第三十三条 事业单位的收入包括财政补助收入、事业收入、上级补助收入、附属单位上缴收入、经营收入和其他收入等。

财政补助收入是指事业单位从同级财政部门取得的各类财政拨款，包括基本支出补助和项目支出补助。

事业收入是指事业单位开展专业业务活动及其辅助活动取得的收入。其中：按照国家有关规定应当上缴国库或者财政专户的资金，不计入事业收入；从财政专户核拨给事业单位的资金和经核准不上缴国库或者财政专户的资金，计入事业收入。

上级补助收入是指事业单位从主管部门和上级单位取得的非财政补助收入。

附属单位上缴收入是指事业单位附属独立核算单位按照有关规定上缴的收入。

经营收入是指事业单位在专业业务活动及其辅助活动之外开展非独立核算经营活动取得的收入。

其他收入是指财政补助收入、事业收入、上级补助收入、附属单位上缴收入和经营收入以外的各项收入，包括投资收益、利息收入、捐赠收入等。

第三十四条　事业单位的收入一般应当在收到款项时予以确认，并按照实际收到的金额进行计量。

采用权责发生制确认的收入，应当在提供服务或者发出存货，同时收讫价款或者取得索取价款的凭据时予以确认，并按照实际收到的金额或者有关凭据注明的金额进行计量。

第七章　支出或者费用

第三十五条　支出或者费用是指事业单位开展业务及其他活动发生的资金耗费和损失。

第三十六条　事业单位的支出或者费用包括事业支出、对附属单位补助支出、上缴上级支出、经营支出和其他支出等。

事业支出是指事业单位开展专业业务活动及其辅助活动发生的基本支出和项目支出。

对附属单位补助支出是指事业单位用财政补助收入之外的收入对附属单位补助发生的支出。

上缴上级支出是指事业单位按照财政部门和主管部门的规定上缴上级单位的支出。

经营支出是指事业单位在专业业务活动及其辅助活动之外开展非独立核算经营活动发生的支出。

其他支出是指事业支出、对附属单位补助支出、上缴上级支出和经营支出以外的各项支出，包括利息支出、捐赠支出等。

第三十七条 事业单位开展非独立核算经营活动的，应当正确归集开展经营活动发生的各项费用数；无法直接归集的，应当按照规定的标准或比例合理分摊。

事业单位的经营支出与经营收入应当配比。

第三十八条 事业单位的支出一般应当在实际支付时予以确认，并按照实际支付金额进行计量。

采用权责发生制确认的支出或者费用，应当在其发生时予以确认，并按照实际发生额进行计量。

第八章 财务会计报告

第三十九条 财务会计报告是反映事业单位某一特定日期的财务状况和某一会计期间的事业成果、预算执行等会计信息的文件。

第四十条 事业单位的财务会计报告包括财务报表和其他应当在财务会计报告中披露的相关信息和资料。

第四十一条 财务报表是对事业单位财务状况、事业成果、预算执行情况等的结构性表述。财务报表由会计报表及其附注构成。

会计报表至少应当包括下列组成部分：

（一）资产负债表；

（二）收入支出表或者收入费用表；

（三）财政补助收入支出表。

第四十二条 资产负债表是指反映事业单位在某一特定日期的财务状况的报表。

资产负债表应当按照资产、负债和净资产分类列示。资产和负债应当分别流动资产和非流动资产、流动负债和非流动负债列示。

第四十三条 收入支出表或者收入费用表是指反映事业单位在某一会计期间的事业成果及其分配情况的报表。

收入支出表或者收入费用表应当按照收入、支出或者费用的构成和非财政补助结余分配情况分项列示。

第四十四条 财政补助收入支出表是指反映事业单位在某一会计期间财政补助收入、支出、结转及结余情况的报表。

第四十五条 附注是指对在会计报表中列示项目的文字描述或明细资料，以及对未能在会计报表中列示项目的说明等。

附注至少应当包括下列内容：

（一）遵循事业单位会计准则、事业单位会计制度（行业事业单位会计制度）的声明；

（二）会计报表中列示的重要项目的进一步说明，包括其主要构成、增减变动情况等；

（三）有助于理解和分析会计报表需要说明的其他事项。

第四十六条 事业单位财务报表应当根据登记完整、核对无误的账簿记录和其他有关资料编制，做到数字真实、计算准确、内容完整、报送及时。

第九章 附　　则

第四十七条 纳入企业财务管理体系的事业单位执行《企业会计准则》或《小企业会计准则》。

第四十八条 参照公务员法管理的事业单位对本准则的适用，由财政部另行规定。

第四十九条 本准则自 2013 年 1 月 1 日起施行。1997 年 5 月 28 日财政部印发的《事业单位会计准则（试行）》（财预字〔1997〕286 号）同时废止。

中小学校财务制度

2012年12月21日　财教〔2012〕489号

第一章　总　　则

第一条　为了进一步规范中小学校的财务行为,加强财务管理和监督,提高资金使用效益,促进教育事业健康发展,根据《事业单位财务规则》和国家有关法律制度,结合中小学校特点,制定本制度。

第二条　本制度适用于各级人民政府和接受国家经常性资助的社会力量举办的普通中小学校、中等职业学校、特殊教育学校、工读教育学校、成人中学和成人初等学校。

其他社会力量举办的上述学校可以参照本制度执行。

第三条　中小学校财务管理的基本原则是:贯彻执行国家有关法律、法规和财务规章制度;坚持勤俭办学的方针;正确处理事业发展需要和资金供给的关系,社会效益和经济效益的关系,国家、学校和个人三者利益的关系。

第四条　中小学校财务管理的主要任务是：合理编制学校预算，严格预算执行，完整、准确编制学校决算，真实反映学校财务状况；依法筹集教育经费，努力节约支出；建立健全财务制度，加强经济核算，实施绩效评价，提高资金使用效益；加强资产管理，合理配置和有效利用资产，防止资产流失；加强对学校经济活动的财务控制和监督，防范财务风险。

第二章　财务管理体制

第五条　中小学校财务管理实行校长负责制。学校的财务活动在校长的领导下，由学校财务部门统一管理。

第六条　中小学校以校为单位进行会计核算。

实行"集中记账，分校核算"的，不改变学校财务管理权。即在一定区域内，由县级财政和教育部门确定的会计核算机构统一办理区域内中小学校的会计核算，学校设置报账员，在校长领导下，管理学校的财务活动，统一在会计核算机构报账。

具体采取何种方式，由地方财政和教育部门根据当地实际情况确定。

第七条　中小学校财会人员的任职条件、工作职责、工作权限、专业技术职务、任免奖罚，应当严格按照国家会计法律制度执行。

第八条　非独立核算的勤工俭学、社会服务和经营等项目的财务活动，由学校财务部门统一管理。

义务教育阶段学校按照国家有关规定不得从事经营活动。

第九条　中小学校食堂应当坚持公益性和非营利性原则，在学校财务部门统一管理下，实行单独核算，定期公开账务。

第三章　预算管理

第十条　中小学校预算是指中小学校根据教育事业发展目标和计划编制的年度财务收支计划。

中小学校预算由收入预算和支出预算组成。

第十一条　国家对中小学校实行核定收支、定额或者定项补助、超支不补、结转和结余按照规定使用的预算管理办法。

定额或者定项补助根据国家有关政策和财力可能，结合中小学校特点、事业发展目标和计划、学校收支及资产状况等确定。

国家将义务教育经费全面纳入财政预算，由国务院和地方各级人民政府依法予以保障。

第十二条　中小学校预算以校为基本编制单位，教学点纳入其所隶属学校统一编制。预算编制应当坚持量入为出、收支平衡、统筹兼顾、保证重点的原则。中小学校不得编制赤字预算。

第十三条 收入预算，应当考虑学校维持正常运转和发展的基本需要，参考以前年度的预算执行情况和预算年度的收入增减因素，积极稳妥地逐项测算编制。

支出预算，应当根据学校开展教育教学等活动需要和财力可能，分轻重缓急，按照政府支出分类科目分项测算编制。

第十四条 中小学校预算由学校根据年度事业发展目标和计划以及预算编制的规定，提出预算建议数，经主管部门审核汇总后报财政部门。中小学校根据财政部门下达的预算控制数编制预算，由主管部门审核汇总报财政部门，经法定程序审核批复后执行。

第十五条 中小学校应当严格执行批准的预算，规范办理收支事项，加强预算执行管理。

第十六条 预算执行中，财政补助收入和财政专户管理资金的预算一般不予调整。如果国家有关政策或者事业计划有较大调整，对预算执行影响较大，确需调整的，中小学校应当报主管部门审核后报财政部门调整预算。财政补助收入和财政专户管理资金以外部分的预算需要调增或者调减的，由学校自行调整并报主管部门和财政部门备案。

收入预算调整后，相应调增或者调减支出预算。

第十七条 中小学校决算是指中小学校根据预算执行结果编制的年度报告。

第十八条 中小学校应当按照规定编制年度决算，由主管部门审核汇总后报财政部门审批。

第十九条 中小学校应当加强决算审核和分析，保证决算数据的真实、准确,规范决算管理工作。

第四章 收入管理

第二十条 收入是指中小学校为开展教育教学及其他活动依法取得的非偿还性资金。

第二十一条 中小学校收入包括:

(一)财政补助收入,即中小学校从同级财政部门取得的各类财政拨款。

(二)事业收入,即中小学校开展教育教学及其辅助活动依法取得的收入。其中:按照国家规定应当上缴国库或者财政专户的资金,不计入事业收入;从财政专户核拨给学校的资金和经核准不上缴国库或者财政专户的资金,计入事业收入。

(三)上级补助收入,即中小学校从主管部门和上级单位取得的非财政补助收入。

(四)附属单位上缴收入,即中小学校附属的独立核算单位按照规定上缴学校的收入。

(五)经营收入,即非义务教育阶段学校在教育教学及其辅助活动之外,开展非独立核算经营活动取得的收入。

(六)其他收入,即本条上述规定范围以外的各项收入,包括投资收益、利息收入、捐赠收入等。

第二十二条 中小学校应当将各项收入全部纳入学校预

算，统一核算，统一管理。

中小学校严禁设立"小金库"，严禁账外设账，严禁公款私存。

第二十三条 中小学校组织收入应当合法合规；各项收费应当严格执行国家规定的收费范围、收费项目和收费标准，使用符合国家规定的合法票据。对按照规定上缴国库或者财政专户的资金，中小学校应当按照国库集中收缴的有关规定及时足额上缴，不得隐瞒、滞留、截留、挪用和坐支。

第五章 支 出 管 理

第二十四条 支出是指中小学校为开展教育教学及其他活动发生的各项资金耗费和损失。

第二十五条 中小学校支出包括：

（一）事业支出，即中小学校开展教育教学及其辅助活动发生的基本支出和项目支出。基本支出是指中小学校为了保障其正常运转、完成教育教学和其他日常工作任务而发生的人员支出和公用支出。项目支出是指中小学校为了完成特定工作任务和事业发展目标，在基本支出之外所发生的支出。

（二）经营支出，即非义务教育阶段学校在教育教学及其辅助活动之外开展非独立核算经营活动发生的支出。

（三）对附属单位补助支出，即非义务教育阶段学校用财政补助收入之外的收入对附属单位补助发生的支出。

（四）上缴上级支出，即中小学校按照财政部门和主管部门的规定上缴上级单位的支出。

（五）其他支出，即本条上述规定范围以外的各项支出，包括利息支出、捐赠支出等。

中小学校可以结合实际，在上述支出分类的基础上，进一步按照教育教学功能细化支出分类。

第二十六条 中小学校应当将各项支出全部纳入学校预算，建立健全支出管理制度。

第二十七条 中小学校的支出应当严格执行国家有关财务规章制度规定的开支范围及开支标准；国家有关财务规章制度没有统一规定的，由学校结合本校情况规定，报主管部门和财政部门备案。学校规定违反法律制度和国家政策的，主管部门和财政部门应当责令改正。

中小学校应当加强支出管理，基本支出、项目支出不得混用。公用支出不得用于教职工福利等人员支出。项目支出应当按照规定专款专用，不得挤占和挪用。

第二十八条 非义务教育阶段学校开展非独立核算经营活动，应当以不影响正常教育教学活动为前提。在开展非独立核算经营活动中，应当加强经济核算，正确归集实际发生的各项费用；不能直接归集的，应当按照规定的比例合理分摊。

经营支出应当与经营收入配比。

第二十九条 中小学校从财政部门和主管部门取得的有指定项目和用途的专项资金，应当专款专用、单独核算，并按照规定向财政部门或者主管部门报送资金使用情况；项目完成后，应当报送专项资金支出决算和使用效果的书面报告，并接受财政部门和主管部门的检查、验收。

第三十条　中小学校各项支出应当按照实际发生数列支，不得虚列虚报，不得以计划数和预算数代替。

第三十一条　中小学校应当严格执行国库集中支付制度和政府采购制度等有关规定。

第三十二条　中小学校应当加强支出的绩效管理，提高资金使用的有效性。

第三十三条　中小学校应当依法加强各类票据管理，确保票据来源合法、内容真实、使用正确，不得使用虚假票据。

第六章　结转和结余管理

第三十四条　结转和结余是指中小学校年度收入与支出相抵后的余额。

结转资金是指当年预算已执行但未完成，或者因故未执行，下一年度需要按照原用途继续使用的资金。结余资金是指当年预算工作目标已完成，或者因故终止，当年剩余的资金。

经营收支结转和结余应当单独反映。

第三十五条　财政拨款结转和结余的管理，应当按照同级财政部门的规定执行。

第三十六条　非财政拨款结转按照规定结转下一年度继续使用。非财政拨款结余可以按照国家有关规定提取职工福利基金，剩余部分作为事业基金用于弥补以后年度学校收支差额；国家另有规定的，从其规定。

第三十七条　中小学校应当加强事业基金的管理，遵循收支平衡的原则，统筹安排、合理使用，支出不得超过基金规模。

第七章　专用基金管理

第三十八条　专用基金是指中小学校按照规定提取或者设置的有专门用途的资金。

专用基金管理应当遵循先提后用、收支平衡、专款专用的原则，支出不得超出基金规模。

第三十九条　专用基金包括：

（一）修购基金，即按照事业收入和经营收入的一定比例提取，并按照规定在相应的购置和修缮科目中列支（各列50％），以及按照其他规定转入，用于学校固定资产维修和购置的资金。

义务教育阶段学校不提取修购基金。事业收入和经营收入较少的其他中小学校，可以不提取修购基金。

（二）职工福利基金，即按照非财政拨款结余的一定比例提取以及按照其他规定提取转入，用于职工集体福利设施、集体福利待遇等的资金。

（三）奖助学基金，即接受社会捐赠和按照规定从事业收入中提取转入，用于奖励、资助学生的资金。

（四）其他基金，即按照其他有关规定，根据事业发展需要提取或者设置的专用资金。

第四十条 各项基金的提取比例和管理办法，国家有统一规定的，按照统一规定执行；没有统一规定的，由主管部门会同同级财政部门确定。

第八章 资产管理

第四十一条 资产是指中小学校占有或者使用的能以货币计量的经济资源，包括各种财产、债权和其他权利。

第四十二条 中小学校的资产包括流动资产、固定资产、在建工程、无形资产和对外投资等。

第四十三条 中小学校应当建立健全资产管理制度，加强和规范资产配置、使用和处置管理，维护资产安全完整，保障事业健康发展。

第四十四条 中小学校应当按照科学规范、从严控制、保障学校正常运转和事业发展需要的原则合理配置资产。

第四十五条 流动资产是指可以在一年以内变现或者耗用的资产，包括现金、各种存款、零余额账户用款额度、应收及预付款项、存货等。

应收及预付款项是指中小学校在开展教育教学和其他活动过程中形成的各项债权，包括应收账款、应收票据、预付账款和其他应收款等。

存货是指中小学校在开展教育教学及其他活动中为耗用而储存的资产，包括各类材料、燃料、消耗物资和低值易耗品等。

第四十六条 中小学校应当按照国家有关规定，建立健全现金及各种存款的内部管理制度，加强资金监督管理，对应收及预付款项应当及时清理结算，不得长期挂账。对存货进行定期或者不定期的清查盘点，保证账实相符。对存货的盘盈、盘亏应当及时处理。

第四十七条 固定资产是指使用期限超过一年，单位价值在1000元以上（其中：专用设备单位价值在1500元以上），并在使用过程中基本保持原有物质形态的资产。单位价值虽未达到规定标准，但是耐用时间在一年以上的大批同类物资，作为固定资产管理。

中小学校的固定资产一般分为六类：房屋及构筑物；专用设备；通用设备；文物和陈列品；图书、档案；家具、用具、装具及动植物。

中小学校的固定资产明细目录由教育部制定，报财政部备案。

第四十八条 中小学校应当设置固定资产总账、明细账及固定资产卡片，详细记载固定资产的编码、名称、类别、规格、型号、原值、购置日期、使用部门等信息，完整反映固定资产情况。

中小学校应当对固定资产进行定期或者不定期的清查盘

点。年度终了前应当进行一次全面清查盘点,做到账、卡、物相符。对盘盈、盘亏的固定资产,应当及时查明原因,按照规定处理。

第四十九条 在建工程是指已经发生必要支出,但尚未达到交付使用状态的建设工程。

在建工程达到交付使用状态时,应当按照规定办理工程竣工财务决算和资产交付使用手续。

第五十条 在建工程应当进行单独核算,反映在建工程的实际支出。

第五十一条 无形资产是指不具有实物形态而能为使用者提供某种权利的资产,包括专利权、商标权、著作权、土地使用权、非专利技术、商誉以及其他财产权利。

中小学校转让无形资产,应当按照有关规定进行资产评估,取得的收入按照国家有关规定处理。中小学校取得无形资产发生的支出,应当计入事业支出。

第五十二条 对外投资是指中小学校依法利用货币资金、实物、无形资产等方式向其他单位的投资。

中小学校应当严格控制对外投资。在保证学校正常运转和事业发展的前提下,按照国家有关规定可以对外投资的,应当履行相关审批程序。中小学校不得使用财政拨款及其结余进行对外投资,不得从事股票、期货、基金、企业债券等投资,国家另有规定的除外。

中小学校以实物、无形资产等非货币性资产对外投资的,应当按照国家有关规定进行资产评估,合理确定资产价值。

义务教育阶段学校不得对外投资。

第五十三条 中小学校出租、出借资产，应当按照国家有关规定经主管部门审核同意后报同级财政部门审批。

第五十四条 中小学校资产处置是指中小学校对其占有、使用的国有资产，进行产权转让或者注销产权的行为，包括无偿调拨（划转）、对外捐赠、出售、出让、转让、置换、报废、报损、货币性资产损失核销等。

中小学校资产处置应当遵循公开、公平、公正和竞争、择优的原则，严格履行相关审批程序。

第五十五条 中小学校资产处置收入应当按照国家有关规定，实行"收支两条线"管理。

第五十六条 中小学校应当提高资产使用效率，按照国家有关规定实行资产共享、共用。

第九章 负 债 管 理

第五十七条 负债是指中小学校所承担的能以货币计量，需要以资产或者劳务偿还的债务。

第五十八条 中小学校的负债包括借入款项、应付及预收款项、应缴款项、代管款项等。

借入款项是指非义务教育阶段学校经批准从银行等金融机构借入的短期或者长期借款。

应付及预收款项包括中小学校应付票据、应付账款以及其他应付款和预收账款等。

应缴款项包括中小学校收取的应当上缴国库或者财政专户的资金、应缴税费,以及其他按照国家有关规定应当上缴的款项。

代管款项是指中小学校接受委托代为管理的各类款项。中小学校应当加强代管款项管理,分项核算,按时结清。

第五十九条　中小学校应当对不同性质的负债分类管理,及时清理并按照规定办理结算,保证各项负债在规定期限内归还。

第六十条　中小学校应当建立健全财务风险控制机制,规范和加强借入款项管理,严格执行审批程序。

严禁义务教育阶段学校举借债务,非义务教育阶段学校不得违反规定举借债务。

中小学校不得提供担保。

第十章　财务清算

第六十一条　经国家有关部门批准,中小学校发生划转、撤销、合并、分立时,应当进行财务清算。

第六十二条　中小学校财务清算,应当在主管部门和财政部门的监督指导下,对学校的财产、债权、债务等进行全面清理,编制财产目录和债权、债务清单,提出财产作价依据和债权、债务处理办法,做好资产的移交、接收、划转和管理工作,并妥善处理各项遗留问题。

第六十三条 中小学校财务清算结束后,经主管部门审核并报财政部门批准,其资产分别按照下列办法处理:

(一)因隶属关系改变,成建制划转的中小学校,全部资产无偿移交,并相应划转经费指标。

(二)撤销的中小学校,全部资产由主管部门和财政部门核准处理。

(三)合并的中小学校,全部资产移交接收单位或者新组建单位,合并后多余的资产由主管部门和财政部门核准处理。

(四)分立的中小学校,资产按照有关规定移交分立后的中小学校,并相应划转经费指标。

第十一章 财务报告和财务分析

第六十四条 财务报告是反映中小学校一定时期财务状况和事业发展成果的总结性书面文件。

中小学校应当定期向主管部门和财政部门以及其他有关的报表使用者提供财务报告。

第六十五条 中小学校报送的年度财务报告包括资产负债表、收入支出表、财政拨款收入支出表、固定资产投资决算报表等主表,有关附表及财务情况说明书等。

第六十六条 财务情况说明书,主要说明中小学校收入及其支出、结转、结余及其分配、资产负债变动、对外投资、资产出租出借、资产处置、固定资产投资、财务分析指标、绩效等情况，对本期或者下期财务状况发生重大影响的事项，以及需要说明的其他事项。

第六十七条 中小学校的财务分析是财务管理工作的重要组成部分。中小学校应当按照主管部门的规定和要求，根据学校财务管理的需要，进行财务分析，定期编制财务分析报告。

财务分析内容包括中小学校事业发展和预算编制与执行、资产使用、收入支出状况、专用基金变动以及财务管理情况、存在主要问题和改进措施等。

财务分析指标包括预算收入和支出完成率、人员支出与公用支出分别占事业支出的比率、生均事业支出、生均公用支出以及资产负债率等。

主管部门和中小学校可以根据学校特点增加财务分析指标。

第十二章　财　务　监　督

第六十八条 中小学校财务监督的主要内容包括：

（一）预、决算编制的科学性、真实性、完整性和预算执行的时效性、均衡性；

（二）各项收入、支出的合法性、合规性；

（三）结转和结余资金以及专用基金管理的合规性；

（四）资产管理的安全性、合规性、有效性；

（五）负债的合规性和风险性；

（六）学生人数、教职工人数等基础数据的真实性和准确性。

第六十九条　中小学校财务监督应当实行事前监督、事中监督、事后监督相结合，日常监督和专项监督相结合。

第七十条　中小学校应当建立健全内部控制制度、经济责任制度、财务信息披露制度等监督制度，依法公开财务信息。

第七十一条　中小学校应当依法接受主管部门和财政、审计等部门的监督。

第十三章　附　　则

第七十二条　中小学校基本建设投资的财务管理，应当执行本制度，但国家基本建设投资财务管理制度另有规定的，从其规定。

第七十三条　纳入企业财务管理体系的中小学校，以及独立核算的中小学校校办企业，执行企业财务制度，不执行本制度。

第七十四条　各级人民政府和接受国家经常性资助的社会力量举办的幼儿园依照本制度执行；其他社会力量举办的幼儿园可以参照本制度执行。

第七十五条 各省、自治区、直辖市人民政府财政部门、教育部门可以根据本制度，结合本地区实际情况，制定具体财务管理办法或者补充规定。

第七十六条 中小学校应当根据本制度结合学校实际情况制定内部财务管理办法，报主管部门备案。

第七十七条 本制度自2013年1月1日起施行。

附：中小学校财务分析指标

附：

中小学校财务分析指标

1. 预算收入和支出完成率，衡量中小学校预算收入和支出总预算及分项预算完成的程度。计算公式为：

收入预算完成率＝年终收入执行数÷（年初收入预算数±年中收入预算调整数）×100％

年终收入执行数不含上年结转和结余收入数。

支出预算完成率＝年终支出执行数÷（年初支出预算数±年中支出预算调整数）×100％

年终支出执行数不含上年结转和结余支出数。

2. 人员支出、公用支出占事业支出的比率，衡量中小学校事业支出结构。计算公式为：

人员支出比率＝人员支出÷事业支出×100％

公用支出比率＝公用支出÷事业支出×100％

3. 生均事业支出、生均公用支出，衡量中小学校按照实际在校生人数平均的事业支出、公用支出水平。计算公式为：

生均事业支出＝事业支出÷实际在校生人数

生均公用支出＝公用支出÷实际在校生人数

4. 资产负债率，衡量中小学校利用债权人提供资金开展业务活动的能力，以及反映债权人提供资金的安全保障程度。计算公式为：

资产负债率＝负债总额÷资产总额×100％

新旧中小学校会计制度
有关衔接问题的处理规定

2014 年 1 月 27 日　财会〔2014〕5 号

我部对 1998 年 3 月 31 日印发的《中小学校会计制度（试行）》（财预字〔1998〕104 号）（以下简称原制度）进行了全面修订，于 2013 年 12 月 27 日发布了新《中小学校会计制度》（财会〔2013〕28 号）（以下简称新制度），自 2014 年 1 月 1 日起施行。为了确保新旧制度顺利过渡，现对中小学校执行新制度的有关衔接问题规定如下：

一、新旧制度衔接总要求

（一）自 2014 年 1 月 1 日起，中小学校应当严格按照新制度的规定进行会计核算和编报财务报表。

（二）中小学校应当按照本规定做好新旧制度的衔接。相关工作包括以下几个方面：

1. 根据原账编制 2013 年 12 月 31 日的科目余额表。

2. 按照新制度设立 2014 年 1 月 1 日的新账。

3. 将 2013 年 12 月 31 日原账中各会计科目余额按照本规

定进行调整（包括新旧结转调整与基建和食堂并账调整），按调整后的科目余额编制科目余额表，作为新账中各会计科目的期初余额。上述"原账中各会计科目"指原制度规定的会计科目，以及参照财政部印发的相关补充规定增设的会计科目。

新旧会计科目对照情况参见本规定附表。

4. 根据新账中各会计科目期初余额，按照新制度编制2014年1月1日期初资产负债表。

（三）及时调整会计信息系统。中小学校应当对原有会计核算软件和会计信息系统进行及时更新和调试，正确实现数据转换，确保新旧账套的有序衔接。

二、将原账科目余额转入新账

（一）资产类。

1. "现金"、"银行存款"、"零余额账户用款额度"、"财政应返还额度"科目。

新制度设置了"库存现金"、"银行存款"、"零余额账户用款额度"、"财政应返还额度"科目，其核算内容与原账中上述相应科目的核算内容基本相同。转账时，应将原账中上述科目的余额直接转入新账中相应科目。新账中相应科目设有明细科目的，应将原账中上述科目的余额加以分析，分别转入新账中相应科目的相关明细科目。

2. "应收及暂付款"科目。

新制度未设置"应收及暂付款"科目，但设置了"应收账款"、"其他应收款"科目，这两个科目的核算内容与原账中上述科目的核算内容基本相同。转账时，应对原账中"应收及暂付款"科目的余额进行分析:将其中属于新制度规定应收账款的余额转入新账中"应收账款"科目;将剩余余额转入新账中"其他应收款"科目。

3."材料"科目。

新制度未设置"材料"科目,但设置了"存货"科目,其核算范围包括原账中上述科目的核算内容。转账时,应将原账中"材料"科目的余额分析转入新账中"存货"科目的相关明细科目。

4."对勤工俭学项目投资"、"其他对外投资"科目。

新制度未设置"对勤工俭学项目投资"、"其他对外投资"科目,而是将非义务教育阶段中小学校的对外投资划分为短期投资和长期投资,相应设置了"短期投资"、"长期投资"两个科目,这两个科目的核算内容与原账中上述两个科目的核算内容基本相同。转账时,应对原账中"对勤工俭学项目投资"、"其他对外投资"科目的余额进行分析:将其中属于新制度规定短期投资的余额转入新账中"短期投资"科目;将剩余余额转入新账中"长期投资"科目。

5."固定资产"科目。

新制度设置了"固定资产"科目,核算固定资产的原价。由于固定资产价值标准提高,原账中作为固定资产核算的实物资产,将有一部分要按照新制度转为低值易耗品。转账时,应当根据重新确定的固定资产目录,对原账中"固定资产"科目的余额进行分析:

(1)对于达不到新制度中固定资产确认标准且未领用出库

的，应当将相应余额转入新账中"存货"科目，将相应的"固定基金"科目余额转入新账中"事业基金"科目；对于已领用出库的，应当将其成本一次性摊销，在原账中借记"固定基金"科目，贷记"固定资产"科目，同时做好相关实物资产的登记管理工作。

（2）对于符合新制度中固定资产确认标准的，应当将相应余额转入新账中"固定资产"科目。

6."无形资产"科目。

新制度设置了"无形资产"科目，核算无形资产的原价。原账中"无形资产"科目余额反映的是尚未摊销的无形资产价值。转账时，应将原账中"无形资产"科目的余额直接转入新账中的"无形资产"科目，同时将相应的"事业基金"科目余额转入新账中"非流动资产基金——无形资产"科目。

（二）负债类。

1."借入款项"科目。

新制度将中小学校的借入款项划分为短期借款和长期借款，相应设置了"短期借款"、"长期借款"两个科目，这两个科目的核算内容与原账中上述科目的核算内容基本相同。转账时，应对原账中"借入款项"科目的余额进行分析：将其中属于新制度规定短期借款的余额转入新账中"短期借款"科目；将剩余余额转入新账中"长期借款"科目。

2."应交税金"、"应缴预算款"、"应缴财政专户款"、"代管款项"科目。

新制度设置了"应缴税费"、"应缴国库款"、"应缴财政专户款"、"代管款项"科目，其核算内容与原账中上述相应科目的核算内容基本相同。转账时，应将原账中"应交税金"、"应缴预算款"、"应缴财政专户款"、"代管款项"科目的余额分别直接转入新账中的"应缴税费"、"应缴国库款"、"应缴财政专户款"、"代管款项"科目。

3."应付工资（离退休费）"、"应付地方（部门）津贴补贴"、"应付其他个人收入"科目。

新制度未设置"应付工资（离退休费）"、"应付地方（部门）津贴补贴"、"应付其他个人收入"科目，但设置了"应付职工薪酬"科目，其核算内容涵盖了原账中上述三个科目的核算内容，并包括应付的社会保险费和住房公积金等。中小学校应在新账中"应付职工薪酬"科目下按照国家有关规定设置明细科目。转账时，应将原账中"应付工资（离退休费）"、"应付地方（部门）津贴补贴"、"应付其他个人收入"科目的余额分别转入新账中"应付职工薪酬"科目的相关明细科目，并对原账中"应付及暂存款"科目的余额进行分析：将其中属于中小学校应付的社会保险费和住房公积金等的余额转入新账中"应付职工薪酬"科目的相关明细科目。

4."应付及暂存款"科目。

新制度未设置"应付及暂存款"科目，但设置了"应付账款"、"其他应付款"、"长期应付款"科目，这三个科目的核算内容与原账中上述科目的核算内容基本相同，但不包括中小学校为职工应付的社会保险费和住房公积金等。转账时，应对原账中"应付及暂存款"科目的余额进行分析：将其中属于应付的社会保险费和住房公积金等的余额转入新账中"应付职工薪酬"科目；将其中属于新制度规定应付账款的余额转入新账中"应付账款"科目；将其中属于新制度规定长期应付款的余额转入新账中"长期应付款"科目；将剩余余额，转入新账中"其他应付款"科目。

（三）净资产类。

1. "事业基金"科目。

新制度设置了"事业基金"科目，但不再在该科目下设置"一般基金"、"投资基金"明细科目，其核算范围也较原账中"事业基金"科目发生变化，不再包括无形资产和长期投资等非流动资产占用的净资产以及财政补助结转和财政补助结余。

（1）"一般基金"明细科目。转账时，应对原账中"事业基金"科目所属"一般基金"明细科目的余额进行分析：将其中属于新制度规定无形资产对应的余额转入新账中"非流动资产基金——无形资产"科目；将其中属于新制度财政补助结转的余额转入新账中"财政补助结转"科目；对属于新制度财政补助结余的余额转入新账中"财政补助结余"科目；将剩余余额转入新账中"事业基金"科目。

（2）"投资基金"明细科目。转账时，应对原账中"事业基金"科目所属"投资基金"明细科目的余额进行分析：将其中属于新制度规定短期投资对应的余额转入新账中"事业基金"科目；将剩余余额转入新账中"非流动资产基金——长期投资"科目。

2."固定基金"科目。

新制度未设置"固定基金"科目,但设置了"非流动资产基金"科目,核算中小学校长期投资、固定资产、在建工程、无形资产等非流动资产占用的金额。转账时,应对原账中"固定基金"科目的余额进行分析:将其中转为新账中存货的固定资产对应的余额转入新账中"事业基金"科目;将剩余余额转入新账中"非流动资产基金——固定资产"科目。

3."专用基金"科目。

新制度设置了"专用基金"科目,其核算范围较原账中上述科目发生变化。

(1)"修购基金"明细科目。自2013年1月1日起,义务教育阶段中小学校不得计提修购基金。义务教育阶段中小学校转账时,应将原账中"专用基金"科目所属"修购基金"明细科目的余额转入新账中"事业基金"科目。非义务教育阶段中小学校转账时,应将原账中"专用基金"科目所属"修购基金"明细科目的余额转入新账中"专用基金——修购基金"科目。

(2)"职工福利基金"明细科目。转账时,应将原账中"专用基金"科目所属"职工福利基金"明细科目的余额转入新账中"专用基金——职工福利基金"科目。

(3)"奖教奖学基金"明细科目。原账中"专用基金"科目所属"奖教奖学基金"明细科目核算接受社会捐赠,专门用于奖励职工和学生的无须保留本金的资金。新账中"专用基金——奖助学基金"科目核算接受社会捐赠和按照规定从事业收入中提取转入，用于奖励、资助学生的资金。转账时，应对原账中该明细科目余额进行分析：将其中属于新制度规定奖助学基金的余额转入新账中"专用基金——奖助学基金"科目；将剩余余额转入新账中"非财政补助结转"科目。

（4）"留本基金"明细科目。转账时，应对原账中"专用基金"科目所属"留本基金"明细科目余额进行分析：将其中属于新制度规定奖助学基金的余额转入新账中"专用基金——奖助学基金"科目；将剩余余额转入新账中"非财政补助结转"科目。

（5）其他明细科目。转账时，对于原账中其他专用基金，按有关规定保留的，将其余额转入新账中"专用基金"科目的相关明细科目；按有关规定不予保留的，将其余额转入新账中"事业基金"科目。

4."事业结余"、"勤工俭学结余"、"结余分配"科目。

新制度设置了"事业结余"科目，其核算范围较原账中"事业结余"科目发生变化，不再包括财政补助结转和财政补助结余；新制度未设置"勤工俭学结余"科目；新制度未设置"结余分配"科目，但设置了"非财政补助结余分配"科目，核算中小学校本年度非财政补助结余分配的情况和结果。因原账中"事业结余"、"勤工俭学结余"、"结余分配"科目一般无余额，不需进行转账处理。自 2014 年 1 月 1 日起直接启用"事业结余"、"非财政补助结余分配"科目的新账即可。

（四）收入支出类。

1."教育经费拨款"、"教育附加拨款"、"事业收入"、"上级补助收入"、"附属单位缴款"、"勤工俭学收入"、"捐赠收入"、"其他收入"、"拨出经费"、"事业支出"、"上缴上级支出"、"对附属单位补助"、"勤工俭学支出"、"结转自筹基建"科目。

由于上述原账中收入支出类科目年末无余额,不需进行转账处理。自2014年1月1日起,应当按照新制度设置收入支出类科目并进行账务处理。

2."拨入专款"、"专款支出"科目。

新制度未设置"拨入专款"、"专款支出"科目。转账时,应将原账中"拨入专款"科目的余额转入新账中"非财政补助结转"科目的贷方,将原账中"专款支出"科目的余额转入新账中"非财政补助结转"科目的借方。

三、按照新制度将基建账相关数据并入新账

中小学校应当按照新制度的要求,在按国家有关规定单独核算基本建设投资的同时,将基建账相关数据并入本校财务会计"大账"。新制度设置了"在建工程"科目,中小学校应当在新账中上述科目下设置"基建工程"明细科目,核算由基建账并入的在建工程成本。

将2013年12月31日原基建账中相关科目余额并入新账时:按照基建账中"建筑安装工程投资"、"设备投资"、"待摊投资"、"预付工程款"等科目余额,借记新账中"在建工程——基建工程"科目;按照基建账中"交付使用资产"等科目余额,借记新账中"固定资产"等科目;按照基建账中"现金"、"银行存款"、"零余额账户用款额度"、"财政应返还额度"、"其他应收款"等科目余额,分别借记新账中"库存现金"、"银行存款"、"零余额账户用款额度"、"财政应返还额度"、"其他应收款"等科目;按照基建账中"基建拨款"科目余额,贷记新账中"财政补助结转"、"财政补助结余"、"非财政补助结转"科目;按照基建账中"基建投资借款"科目余额,贷记新账中"短期借款"、"长期借款"等科目;按照基建账中"应付工程款"科目余额,贷记新账中"应付账款"、"长期应付款"科目;按照基建账中"其他应付款"科目,贷记新账中"其他应付款"科目;按照基建账中"建筑安装工程投资"、"设备投资"、"待摊投资"、"预付工程款"、"交付使用资产"等科目余额合计数减去"应付工程款"、"其他应付款"等科目余额合计数后的金额,贷记新账中"非流动资产基金"科目相关明细科目;按照基建账中其他科目余额,分析调整新账中相应科目;按照上述借贷方差额,贷记或借记新账中"事业基金"科目。

中小学校执行新制度后,应当至少按月根据基建账中相关科目的发生额,在本校财务会计"大账"中按照新制度对基建相关业务进行会计处理。

四、按照新制度将食堂账相关数据并入新账

(一)中小学校食堂实行自主经营的。

将 2013 年 12 月 31 日原食堂账中相关科目余额并入新账时:按照食堂账中相关资产科目余额,借记新账中"存货"等科目;按照食堂账中相关负债科目余额,贷记新账中"应付账款"等科目,按照食堂账年末结账前收支净额,贷记新账中"非财政补助结转——食堂资金结转"科目。

自 2014 年 1 月 1 日起，中小学校应当按照新制度的要求，在对本校食堂实行单独核算的同时，将食堂账相关数据并入本校财务会计"大账"。

（二）中小学校食堂实行对外承包的。

自 2014 年 1 月 1 日起，中小学校收到承包方缴纳的承包费时，记入"其他收入——食堂净收入"科目。

五、财务报表新旧衔接

（一）编制 2014 年 1 月 1 日期初资产负债表。

中小学校应当根据经新旧结转及并账调整后的新账中各会计科目期初余额，按照新制度编制 2014 年 1 月 1 日期初资产负债表。

（二）中小学校 2014 年度财务报表的编制。

中小学校应当按照新制度规定编制 2014 年的月度、年度财务报表。在编制 2014 年度收入支出表、财政补助收入支出表时，不要求填列上年比较数。

附：新旧中小学校会计制度会计科目对照表

附：

新旧中小学校会计制度会计科目对照表

新中小学校会计制度会计科目			原中小学校会计制度会计科目及补充规定会计科目	
序号	编号	名称	编号	名称
一、资产类				
1	1001	库存现金	101	现金
2	1002	银行存款	102	银行存款
3	1011	零余额账户用款额度		零余额账户用款额度*
4	1101	短期投资△	117	对勤工俭学项目投资
5	1401	长期投资△	118	其他对外投资
6	1201	财政应返还额度		财政应返还额度*
	120101	财政直接支付		财政直接支付
	120102	财政授权支付		财政授权支付
7	1212	应收账款	110	应收及暂付款
8	1215	其他应收款		
9	1301	存货	115	材料
10	1501	固定资产	120	固定资产
11	1511	在建工程		
12	1601	无形资产	124	无形资产
13	1701	待处置资产损溢		
二、负债类				
14	2001	短期借款△	201	借入款项
15	2401	长期借款△		
16	2101	应缴税费	210	应交税金
17	2102	应缴国库款	208	应缴预算款
18	2103	应缴财政专户款	209	应缴财政专户款
19	2201	应付职工薪酬		应付工资（离退休费）*
				应付地方（部门）津贴补贴*
				应付其他个人收入*

续表

新中小学校会计制度会计科目			原中小学校会计制度会计科目及补充规定会计科目	
序号	编号	名称	编号	名称
20	2302	应付账款	207	应付及暂存款
21	2305	其他应付款		
22	2402	长期应付款		
23	2501	代管款项	206	代管款项
三、净资产类				
24	3001	事业基金	301	事业基金——一般基金
25	3101	非流动资产基金	301	事业基金——投资基金
	310101	长期投资△	302	固定基金
	310102	固定资产		
	310103	在建工程		
	310104	无形资产		
26	3201	专用基金	303	专用基金
	320101	修购基金△	01	修购基金
	320102	职工福利基金	02	职工福利基金
	320103	奖助学基金	03	医疗基金
	320109	其他专用基金	04	奖教奖学基金
			05	住房基金
			06	留本基金
			07	其他专用基金
27	3301	财政补助结转		
	330101	基本支出结转		
	330102	项目支出结转		
28	3302	财政补助结余		
29	3401	非财政补助结转	404	拨入专款
			503	专款支出
30	3402	事业结余	306	事业结余
31	3403	经营结余△		

续表

序号	新中小学校会计制度会计科目		原中小学校会计制度会计科目及补充规定会计科目	
	编号	名称	编号	名称
			307	勤工俭学结余
32	3404	非财政补助结余分配	308	结余分配
四、收入类				
33	4001	公共财政预算拨款	401	教育经费拨款
34	4002	政府性基金预算拨款	402	教育附加拨款
35	4101	事业收入	405	事业收入
36	4201	上级补助收入	403	上级补助收入
37	4301	附属单位上缴收入	412	附属单位缴款
38	4401	经营收入△		
			409	勤工俭学收入
39	4501	其他收入	413	捐赠收入
			414	其他收入
五、支出类				
40	5001	事业支出	501	拨出经费
			504	事业支出
			520	结转自筹基建
41	5101	上缴上级支出	516	上缴上级支出
42	5201	对附属单位补助支出△	517	对附属单位补助
43	5301	经营支出△		
			505	勤工俭学支出
44	5401	其他支出		

注：上表中标有"＊"号的会计科目为中小学校参照财政部印发的相关补充规定增设的会计科目。